杨建荣 主编

SCIENTIFIC ELITE

科技精英

1

上海科学普及出版社

科技精英编辑委员会

顾　　问　陈凯先

主　　编　杨建荣

编辑委员　何建华　胡国强　赵　靖　王凡立　赵卫建
　　　　　江世亮　蒋惠雍　何继红

科技精英
创新争先

叶叔华
2017·8·12

科技强国
创新争先

叶叔华
2017·8·12

目录

01 卷首语

02 封面人物
创新发展 拓开实验核物理之路
奖掖后学 搭建政府科技界桥梁——访沈文庆先生 l 02

03 科技前沿
情怀和责任并重 基因科学应对全人类负责
——访金力院士 l 07
从"科技精英"到量子通信卫星工程的掌门人
——王建宇 l 10

04 精锐视野
杨桂生：优化环境 促进科技成果转化 l 16

05 精英荟萃
"保住患者视力是我作为医生的责任"
——记第十四届上海市科技精英孙兴怀 l 18
链接：上海市科技精英评选简介 l 23
长征医院的一朵红杜鹃
——记第八届上海青年科技英才杜鹃 l 24
在人脑禁区擎起一盏生命探照灯
——记第八届上海青年科技英才李聪 l 26
链接：上海青年科技英才评选简介 l 27

目录

06 英才摇篮
我眼中的创新大赛与青少年科技创新人才培养
——为青少年科技创新活动点赞 | 28
有一颗小行星以我的名字命名
——参加第68届国际科学与工程大奖赛有感 | 29
链接：上海市青少年科技创新大赛简介 | 31

07 科普新说
为什么必须节约利用淡水资源 | 32
极端天气为什么越来越多了 | 33
链接：《科普新说》系列电视节目简介 | 33
夏季果蔬农药残留的防范和去除 | 34
链接：上海市大众科学奖简介 | 35

08 学会视点
站在医学科技的前沿高地
——上海市医学会会长徐建光谈上海医学科技奖评选工作 | 36
链接：上海市医学会简介 | 38

上海要保持化学化工科技的独特优势
——上海市化学化工学会理事长王霞
谈"庄长恭吴蕴初化学化工科技进步奖" | 39
链接：上海市化学化工学会简介 | 40

09 历史长廊
科协工作的创新成果——上海科技发展基金会 | 41
上海科学会堂的前世今生（上）| 44

Contents

目录

10 | 他山之石
美国民间基金会与科技创新 | 46

11 | 镜头物语
上海科学会堂 | 48
草坪音乐会 | 54

12 | 相约科博
2017上海科博会点燃公众科学热情 | 58
链接：上海国际科普产品博览会简介 | 61

Contents

卷首语

上海市科学技术协会党组书记、副主席 杨建荣

  上海市科技精英评选、上海国际科普产品博览会、《科普新说》电视节目……也许，你对这些项目或曾亲身参与，或耳濡目染，但你未必知道，它们的背后都有同一个机构在默默支持——它就是上海科技发展基金会。

  30年前，上海科技发展基金会经市政府同意、中国人民银行上海市分行批准成立。从那以后，这个以"促进科学技术的普及和推广，促进科学技术人才的成长和提高，促进科学技术的创新和发展"为宗旨的非营利机构，开展了大量工作，为上海科技事业发展作出了贡献。

  历史不容遗忘，当下值得记录。《科技精英》正是以围绕上海科技发展基金会工作，反映上海科技创新中心建设的重要成果、科技社团和科技工作者的感人事迹、提升公民科学素质的精彩活动以及基金会工作为出版宗旨。

  习近平总书记指出："人是科技创新最关键的因素。我国要在科技创新方面走在世界前列，必须在创新实践中发现人才、在创新活动中培育人才、在创新事业中凝聚人才。"近30年来，上海科技发展基金会坚持以人才为先的理念，通过多个科技人才项目，奖掖、扶持了一大批优秀科技工作者。例如，诞生于1989年的"上海市科技精英"评选，已成为全市最有影响力的科研人员奖项之一，迄今有58位科技精英及提名奖获得者当选中国科学院、中国工程院院士。又如，从2003年起实施的"晨光计划"，旨在支持和鼓励上海青年科技人才著书立说，资助他们出版自然科学领域的优秀首部原创性学术或科普著作。

  为此，《科技精英》开设了"精英荟萃"等篇目，通过生动感人的人物报道，向读者介绍获得这些荣誉、入选这些计划的科技工作者。

  近年来，上海科技发展基金会还资助了多个项目，助力提升公民科学素质。上海国际科普产品博览会已成功举办了三届，将高新技术展品与科普有机结合，每届会场都人头攒动；上海国际科技电影展映节，是国内首个以科技为主题的电影节，在科学会堂集中展映多部科教影片；《科普新说》则是国内首档大型电视科普系列节目，融科学性、趣味性和实用性于一体，已在多个电视频道播放。这些项目的推出，经历了多少次头脑风暴、取得了什么社会反响，《科技精英》将为你娓娓道来。

  《科技精英》还设有"历史长廊"等篇目，讲述上海科技发展基金会的发展历史，讲述上海科学会堂的历史沿革，相信你会对此发生兴趣。

  "作始也简，将毕也巨。"我们将会尽心竭力，让《科技精英》的社会影响力越来越大，成为反映上海科学技术发展、记录上海科创中心建设历程的忠实记录者。

封面人物

创新发展 拓开实验核物理之路
奖掖后学 搭建政府科技界桥梁
——访沈文庆先生

文/徐明徽　摄影/查涛阳

"小时候家住在南市区，离上海市科学技术协会（以下简称上海市科协）不算远，当时上海市科协在小朋友眼里就是'圣殿'，因为它出版了一系列科普书籍：《科学画报》《知识就是力量》等，潜移默化中，我对物理产生了强烈兴趣，从此一生与之结缘。"

上海市科协第七届、第八届委员会主席沈文庆

沈文庆，实验核物理学家，中国科学院院士，上海市科学技术协会第七届、第八届主席。夏日酷暑，72岁的沈文庆坐在科学会堂一间接待室里，俯身倾听着记者的提问。回顾过往，沈文庆不禁感叹不已，自己与物理、与上海市科协的缘分，恐怕早在儿时就已结下。

走上实验核物理之路

每当被问到艰深莫测的核物理究竟在研究什么之时，沈文庆总要解释一番："核物理就是研究原子核的科学。大家一说核物理，第一印象便是核武器、核电站。其实核物理也和我们的日常生活有关，包括医院里的CT、PET，得了癌症后所需的放射性疗法，甚至一次性针管消毒要经过辐射等，这些都是核科学在日常生活中的应用。"

1968年从清华大学工程物理系毕业后，沈文庆来到中国科学院兰州近代物理所工作。"一开始做的是核科学的基础研究。当时在兰州，所用的是前苏联援建我国的加速器（151项工程之一）。虽然后来中国科学家把它变成了重离子加速器，但仅从设备上来说，当时我国的核物理研究与世界许多国家的差距还比较大。美国、德国、法国、日本的加速器比我们的大，所以我们很多实验不得不到国外进行。"

与在本国进行实验时的自如不同，人在异国，一切靠竞争。

"加速器一运作就开始计算束流时间，大量耗电致使实验成本高昂。所以取用他国的实验室，一定要说明自己有能力去完成。相应地，你要跟其他科学家竞争做实验的机会。而在实验展开后，得到有意义的结果，即实验成功的几率亦只有百分之五十。尤其在国外，如果这次实验失败，下一次再要成功申请极为困难。有时结果并不是非常理想，我们只有不断改进，继续申请。"

作为客座科学家，沈文庆及其他中国学者没有太大自主权，大多数任务由外国科学家指派。"很艰难，但恰恰是通过这样一种方法，我们学习到外国人的科研方式，为中国的核物理研究夯实基础。"

位卑者亦有出奇制胜之时。1985年，沈文庆来到西德国家重离子研究中心，参加一项较为重大的核裂变实验。"核电站都是重核裂变，重离子打到靶上，和靶核融合以后发生裂变，重核分裂为若干轻核。但有时候'炮弹'打出去后没有完全和靶核融合平衡就裂成数片，我们将此种裂变称为准裂变。研究准裂变的原因在于可为将来合成新的核素做准备，两个'炮弹'聚合在一起可以合成自然界不存在的新核素，这时当然不希望这种新核素再次发生裂变。所以必须研究准裂变，即不裂变的几率有多大。"

实验完成后，沈文庆即将启程回国。然而外国科学家对此次的实验数据经过反复研究讨论后仍认为实验没有成功，探测器中有两路信号未能接通。

"当时我想假如没有这两路信号，可否用其他办法弥补数据分析上的缺陷呢？"沈文庆苦思冥想，小心假设，大胆求证，最后终于找到替代方法，而实验终究没有前功尽弃，得到进一步分析与研究。这是"柳暗花明又一村"，亦是庄敬自强的国人一步步站立于世界之林的缩影。

迄今，国家重大科技基础设施建设方兴未艾，强流重离子加速器（HIAF）、加速器驱动嬗变研究装置（CIADS）落户广东惠州。沈文庆言，该加速器建成后，核科学研究从实验设施上来说，至少我国已经走到世界前沿位置。

此外，上海光源等中国重大科学工程的建设，更令中国的科学技术迈入新的发展阶段。今非昔比，沈文庆不禁拊手称慰："我们这一代搞核科研，一开始看到自己落后，都是跟着人家走，现在逐步走向并行，希望将来能够引领世界。"

在兰州度过二十余载青春岁月后，因母亲身体原因，沈文庆由兰州调返上海，于中科院上海原子核研究所从事原子核物理相关研究。

1999年，沈文庆当选中国科学院院士，2001年开始担任中科院上海分院院长。同年，沈文庆凭借"重离子核反应的集体效应和奇异核产生及其性质研究"，荣获国家自然科学二等奖。

寄希望于年轻的科学人才

自2001年至2011年间，沈文庆连任两届上海市科协主席，从事科研管理工作。问其十载功业，沈文庆反复絮说"奖掖后进"的重要性。

"有的年轻学者正在路上，他们是'无名'的。博士才毕业，起步的阶段最困难。写了论文，出版上会遇到困难；要出国学术交流，经费上又捉襟见肘。科协作为上海市政府与科学家之间的桥梁，应当给予青年科学家们支持和帮助。"

上海市科技精英奖设立于1989年，每两年评选一次，以"尊重知识、尊重人才，表彰奖励在推动科技进步和社会经济发展中作出突出贡献的本市中青年科技工作者"为宗旨，在业界具有极高声誉。该奖项虽未限制青年，但由于评选方式因循传统，获奖者年龄段仍以中年为主。

沈文庆坦言："科技精英奖很成功的一个原因是科协是民间的社团，是科学家的组织，行政干预较少，都是根据科学家的贡献来评选，这样使得奖项评审较为公正，受到科学界普遍认可。但公正之外，亦存在很多因思虑不周，或因循守旧而导致的问题。最明显的便是以奖掖中青年科技工作者为宗旨的科技精英奖，年轻人却不太容易评得上。其实，有的年轻科学家并不一定比年长的差。"

几经考量，2002年上海市科协增设了专为杰出青年科技工作者打造的上海青年科技英才奖。该奖项亦是每两年评选一次，针对40周岁以下的青年科技俊杰，每次授奖人数不超过10名，另授提名奖10名。沈文庆表示："原先评奖的过程中，大家思想上会认为年龄大的有优势，年纪轻的就

第十六届中国国际工业博览会院士圆桌会议与会专家合影

比较困难。青年英才奖的设立正是打破这样的传统观念,希望以此吸引更多青年人投身科研,而对有潜力的年轻人进行重点扶持。我们不看这些参评者过去的名声,也不理行政上的说法,我们着重要求的是具有意义的原始科学创新。社会要鼓励创新,这些暂时未能被社会认可的青年科工作者,由我们来发现他们的潜能。"

除此之外,上海市科协还设有"晨光计划",可以帮助处于上升阶段的青年科研人员出版研究成果,另外,上海市科协现在还设有"飞翔计划",资助年轻人出国学术交流,在科学的路上走得更高更远。沈文庆道:"现在,单年是科技精英,双年是青年英才,二者相互配合、相得益彰。"

检点征途,"科技精英"与"青年英才"多年来囊括上海大批杰出科学工作者。这些中青年中有的其后亦侧身于中国科学院或中国工程院院士之列,如陈竺、徐至展、葛均波等。由此,"科技精英"与"青年英才"为科学界人士日益看重。而在奖励沪上杰出科技人才,该二奖项亦起到了不可替代的作用。

其实,沈文庆很早就很注重人才。马余刚,上海市科技精英的获得者,于 2016 年荣获国家自然科学二等奖,他还是沈文庆于上世纪 90 年代初在兰州所带的博士生。回顾往昔,马余刚感慨:"当时我来到兰州中科院近代物理研究所读研时,原定的导师生病。沈老师当时是副所长,但他很热心地指导我,有段时间我每个星期都会去他的办公室讨论问题。当想到一个研究题目非常有意思但无从下手之时,我们师生之间的讨论就非常多,共同琢磨寻求更多新的办法。后来,我自然而然就跟随沈老师读博士了。"

沈文庆与马余刚的师生缘分甚深。1991 年,因工作调动,马余刚继续跟随沈文庆来到中科院上海原子核研究所学习。此后,马余刚也留所工作。

"沈老师工作上非常严谨,但对学生的鼓励多于苛责。记得我当时读研究生的时候,想到一个课题,沈老师看了之后表扬我并帮助我修改不成熟的想法,一步步完善这个题目。在年轻的时候,由于自己的努力而得到有资历的前辈的欣赏,使我在科研道路上增加了信心。如今我也成为一名老师,但沈老师当年的教学态度仍然留在我的脑海中。鼓励年轻人大胆去做,这是非常好的教育方法。虽然科研教学讲究要尽早培养学生的独立性,使他们具备独立的科研能力,但老师有节奏的指导也是必不可少的。当大方向确定之后,因材施教,细心指导;看到学生能力有所提高之后,就要放手让他们独立去做。有沈老师的言传身教,就算我现在行政工作比较繁忙,但对学生绝不会放养或者疏于指导。"

从跟随沈文庆读研以来,近三十载岁月过去了。马余刚说,当沈老师来学校时,我们还会一起去食堂吃饭,像从前一样讨论核物理问题。

眼见一拨拨青年科学家崭露头角，在科研领域中取得突出成就，沈文庆内心十分喜悦。他说："知识领域内的新旧代谢很自然。年轻人是最有希望、最有创新的所在，年轻的科学家和我们老的科学家来比，创新、活力、前沿性一代胜过一代，这是无疑的。但是我希望他们多一点奋斗精神。中国在那种困难的条件下搞出原子弹，老一辈科学家吃苦耐劳、十年一坐冷板凳，对名利嗤之以鼻的精神永远值得我们铭记在心。"

科协要成为科技工作者之家

直至今日，沈文庆始终坚持"推动科学发展的是兴趣爱好"。他是这么认为的："我选择献身科学，很大的原因就在于幼时参加了市科协很多活动，看了诸如《科学画报》等很多科普著作，它们对我自身是一种很好的教育。小孩子在很小的时候钻进某个问题，这是走上科学道路最初的发念。大了以后才谈为人民服务、为国家做贡献。此外，物质奖励只能起到刺激作用，但不能真正激发人对于科学的热爱。"

上海市科协培养了很多青少年对科学的爱好，在初中、高中阶段受到这些科普读物的影响，有的孩子或许从此就选择了科学道路。其时，作为市科协主席的沈文庆怀抱初心、继往开来，相继联合上海科学普及出版社出版了一系列科普图书，包括资助翻译《科学大师（上下卷）》等名作。他说："遇到突发情况，科普要跟上，但科普工作最重要的是细水长流。一方面可促进公民科学素质的整体提高，另一方面也是为科学土壤播下种子。"

当然，一切的作为抑或努力都不会是无源之水。沈文庆坦言，上海市科协最主要的目标还是建立政府和科技界之间的桥梁纽带关系。"支持中国科技界的主渠道来自于国家科学基金。以前中国人到外国访学学艺，现在外国人有很好的科学思想和想法，我们国家的基金委也会出资聘请他们过来。而上海市科协引领下的上海科技发展基金会长期与政府职能部门通力合作，共同支持上海市的科技发展。科技发展基金会也会每年资助一些软课题的研究，一方面务求推动组织方面以及科普领域的加强和发展，另一方面与政府政策相连，提出科技发展规划，为科教文卫事业建言

中科院上海应用物理研究所副所长马余刚

献策。至今，上海所发布的政策始终把科学的发展放在突出位置。"

沈文庆任上海市科协主席期间，拓展了"院士圆桌会议"交流新形式，建立上海科学会堂国际会议厅，为院士们发表战略性、前瞻性和科学性的建言提供了重要平台，也为大型国际学术交流会议提供了场所。

沈文庆进而言之，"最希望的还是上海市科协能够成为'上海科学家之家'，让科学家面对诸如科技成果的发表、技术转移中的知识产权保护等问题都能来找科协。市科协独立于大学、科研机构或青年科技工作者的单位，为他们提供额外支撑。"

面对如今的科研生态，沈文庆也不免有忧虑之处——

"现在科学院博士生出国的机会非常多，但国内培养的很多学生，有很大比例出去了没回来。"

"一般的青年科学家和国家杰出青年、长江学者的待遇相差太大。而青年科学家从起步开始，至少五到十年回报才可显现。政策应保障年轻人安心搞科研。"

"高校评判青年教师的指标多靠文章影响因

子，文章影响因子并不代表有很大的原创性。热点，并不一点是创新点。"

"青年学者现在也不大愿意选择基础研究，因为基础研究的不确定性而影响了职称的晋升及待遇，从而导致对基础研究不太重视。另一方面，现在的经费也乐意资助容易出成果的，比如搞产业和高新技术的。"

……

时移世易，旧的问题解决了，更多新的难题又接踵而至。不管怎样，仅凭一人之力难以力挽狂澜，只得且看后来人。

如今已逾七十的沈文庆言谈间精神矍铄，颇有几分从心所欲的神态，且听他道："还会回到研究所里带一带学生。年轻时喜欢长跑，现在年纪大了，改换游泳。"

沈文庆：实验核物理学家，中国科学院院士，上海市科学技术协会第七届、第八届委员会主席，上海科技发展基金会第六届荣誉理事长。

上图、下图：沈文庆（左二）、马余刚（左一）师生在匈牙利国际会议上与同行合影

情怀和责任并重 基因科学应对全人类负责
——访金力院士

文／吴苡婷

1953年，英国剑桥大学的詹姆斯·沃森和弗朗西斯·克里克发现了一个现在看来非常简单的事实——DNA呈螺旋状结构，当时这一发现立刻震惊了全世界，两人因此获得诺贝尔生物学或医学奖。从此，这一发现开启了基因科学研究的序幕。近半个世纪以来，人类破译了自己的基因组序列，利用基因科学不断寻找自己的来源，得到一个意想不到的结果；利用基因科学，人类不断破解各类疾病的秘密，在疾病治疗和生育科学领域获得了巨大的进展；同样是利用基因科学，人类在刑侦技术领域也获得了很多突破，困扰警方多年的疑案屡屡被破。但是在基因科学突飞猛进的同时，人类也陷入了一种科学主义的危机。一些科学家的野心在膨胀，在生物科学领域，出现了从几百万年物竞天择的缓慢进化，到可操控的快速自我进化的现象，《未来简史》作者尤瓦尔甚至放言：未来的智人有可能分裂为两个物种：一部分人可以通过尖端生物技术来改造自己或者子女的胚胎、增强器官功能、减少免疫缺陷，从基因上成为更高级的智人物种；而难以负担这种改造的则会降格为低级智人。随着AI、机器人逐步取代人类的职业，许多人都将会失去经济价值。

面对基因科学的不断发展，人类将何去何从？日前，记者专访了复旦大学副校长金力院士。

人类起源的秘密正在被不断破解

人类天生有一种好奇心，不仅希望探索外在的世界，更希望挖掘出自身的秘密。1987年，美国加州大学伯克利分校的卡恩(Rebecca Cann)和威尔逊(Allan Wilson)等提出了人类非洲起源说，而作为人类非洲起源说的验证者，金力和复旦的科研团队做了大量的科研工作。

金力介绍说，从目前基因研究的情况来看，人类的祖先三次走出非洲，分别是200万年前的智人、50万年前的早期智人以及5万年前的晚期智人。从目前基因研究的情况来看，目前人类绝大多数的基因来自晚期智人，只有2.4%的基因来自第二拨走出的早期智人，他们的代表就是丹尼索瓦人和尼安德特人。

"而早期直立人在非洲以外似乎没有完成向晚期智人的进化，他们的基因没有出现在我们今天的人类身上，我们熟悉的北京猿人和云南元谋人都是直立人，他们的基因都没有传承下来。在北京猿人同一个发现地点发现的山顶洞人被确定是距今3万年左右的古人类，他们是第三拨走出非洲的晚期智人的后代，与北京猿人之间没有传承关系。"金力说。

古人类的三出非洲也是非常有意思的历史事件。金力说,"这些古人类为什么要选择特定的时间走出非洲呢?如果按照与人类进化相关的化石分布看,人类祖先都在东非区域内。人类为什么会三出非洲?这可能是气候变化所致。有人用一种叫'撒哈拉泵'的假说来解释东非的古人类多次跑出非洲,来到欧洲和亚洲的原因:非洲地理环境经过了沧海桑田,在一定阶段撒哈拉沙漠有了植被,古人类需要谋生,他们中的一部分就追逐着动物和植物,在特定的三个阶段走出了非洲。但是,当他们走出来后,沙漠又一次吞噬了绿地,他们就回不去了,于是便走出了非洲。事实上古人类成群结对持续不断走出非洲是一个小概率事件,顽强地生存下来也是小概率事件。我们不知道具体发生了什么,但是他们确实走出了非洲!"

每个人的基因组片段都可能经历过辉煌的历史

通过曹操后人来倒推曹操的y染色体是2010年金力所在的科研团队所做的一项引起轰动的科学研究。金力告诉记者,关于曹操墓事件的争论也是开展科普的好机会,让公众可以更多地关注遗传学。对曹操y染色体研究最大的学术价值是我们更精确地测定了y染色体的突变率,通俗来说,就是测定一个位点的突变需要多少代。过去我们用遗传学的分析去研究史前历史,但是对于历史时期的研究价值有限,最大的原因是我们对于突变率估计不准,过去是一个突变一个突变看,现在我们可以同时看很多个突变,而且每一个突变率都可以精确估算,科研人员看到的历史跨度不再是几千年,而是可以缩短到几十年。遗传学可以作为一把尺子,准确地计算人类进化中重要事件的发生时间。

金力的梦想是建立一个人类的基因库,他的课题组已经为此积累了10多年,希望再过十年这个梦想能够实现。"事实上每个人的基因组片段都可能经历过非常辉煌的历史,除了y染色体和线粒体,我们现在还在进行群体遗传学的常染色体研究,过去我们只能通过y染色体追踪父系,通过线粒体追踪母系。通过常染色体研究,我们就能找到每个基因片段的祖先,但是现在最大难度是我们不知道常染色体基因片段的拼接点在哪里。一个人的某个常染色体是父母双方某个基因组镶嵌重组的结果,就像我们搭积木一样,大家都知道如何用很多单独的木块搭起一个城堡,但是现在我们要做的是把全基因组里面的单独木块一个个找出来,我们已经进行了一些探索,突破点应该是在计算生物学方面。"

人文科学对于维护社会发展至关重要

对于《未来简史》作者尤瓦尔的一些观点,金力很不认同,"他走向了完全的数据主义,极端的科学主义。科学绝对不能违背人类的根本利益,科学对于人类是双刃剑,它可以帮助人类,也可以损害人类。有些科研在学术上很有价值,但若是损害了人类的利益,则不能容忍。不管你是谁,科学领域做得有多么出色,你首先必须是一个人!中国的科学主义来源于五四期间,当时出现的德先生和赛先生是在反对封建主义中诞生的,当时中国比较愚昧落后,需要用科学精神来唤醒他们,但是后来无神论把科学主义推向了极端,中国科学落后的时候我们要举起科学的大旗,但是今天我们要成为科技强国,需要面对的就不仅仅是自己的国家,而是要对全人类负责。我们应该去反思科技发展所产生的伦理问题,这方面中国要争取话语权。"

在金力看来,人文科学未来肩负的责任会更加重大。它将为人类未来发展保驾护航。复旦大学在2016年11月专门成立了复旦生命医学伦理研究中心,由复旦大学哲学学院教授王国豫担任中心主任。

工作中的金力副校长

"中国定位是世界科技强国,像复旦大学这样一个名校,我们一定要有责任感去审视我们研究出来的科技成果,对成果的好处和危害进行评估。"金力说。

造福人类 基因科学的未来非常光明

目前,基因科学已经开始步入我们的日常生活。2016年,困扰警方多年的甘肃省白银市连环杀人案因为基因检测技术的介入成功告破。金力介绍说,他们早在10多年前就帮助公安系统推广Y染色体基因检测技术,国内一些公安局的实验室已经建立了Y染色体的基因数据库,相比个人全基因检测数据采集,这种基因数据库经济又有效。因为就算罪犯本人不在其中,如果他的相关亲戚可以被找到,就可以帮助缩小嫌疑犯的范围。"目前y染色体的数据库样本还太小,作用还没有完全体现出来,当越来越多人认识到这件事的重要性,加入到其中,那么破案的成功率还将大大上升!"

目前人体全基因组检测的市场价格已经大大降低,花上几千元就可以完成检测,但是科学界内部对此有很大争议,因为就算检测出来基因有某些缺陷,但是病人也有可能终身不发病,一旦检测出来,会造成病人情绪的巨大波动,带来不良的影响。对此金力的看法是,这不是人类全基因检测的问题,而是是否已经能够确定某些基因与疾病,或者易感疾病有密切关系。当技术确立,结果可信可靠后,这件事是完全可行的,前提是要把所有疾病与基因之间的关系进行破解。

"但是我们还要考虑基因检测如何走向社会,为公众去服务。疾病与基因的关联度不是百分百的,只能说有多大的可能性,这个时候服务提供方怎么说,说什么非常重要,要让公众正确地理解自己的全基因检测报告。上海交通大学的贺林院士近年来就不断在呼吁建立遗传咨询师队伍,这个队伍可以帮助公众对基因检测进行正确的解读,减少不必要的焦虑。"金力说。

金力:中国科学院院士、复旦大学副校长,第十一届上海市科技精英。

从"科技精英"到量子通信卫星工程的掌门人
——王建宇

文／江世亮

和许多知名科学家一样，尽管获奖无数，但王建宇却对"上海市科技精英"这一称号格外看重。和不少"精英"得主的经历相似，他也是先得到科技精英提名奖后的几年才艰难地"杀出重围"荣膺"上海市科技精英"这一殊荣。用"杀出重围"一词或有点夸张，但直到现在这个在上海科技界含金量极高的奖项竞争依然非常激烈，而且半数以上都给医卫界的牛人了，有时甚至达到十之六七都是医卫界专家，所以作为一名物理学家，王建宇实属不易，名至实归。

屈指算来，王建宇已在科研领域耕耘了近40年。但他素来低调，无论在科研一线埋头做项目，还是担任研究所、中科院上海分院领导，很少见他在媒体上露面。今年以来随着量子卫星"墨子号"的上天以及首批实验成果的公布，公众对量子通信技术及其前景的了解兴趣激增，有关部门也希望当事科学家能出来为大家做一些科普宣传，这样身为量子通信卫星工程常务副总设计师的王建宇才在媒体上亮相多起来。其实从涉足量子通信卫星工程项目算起到如今，王建宇与量子通信技术打交道已整整10年。

"上海市科技精英"回顾报道，在酝酿人选时，和量子技术有关的王建宇被最先提出来。因为笔者和王建宇相熟，就应邀承担了此次采写任务。见面时王建宇告诉笔者，尽管参评"科技精英"时他已经介入量子通信卫星项目逾5年，但当时他是以光电空间有效载荷技术为主参与"科技精英"竞争的。

2007年11月，我国探月卫星"嫦娥一号"在月球表面"踩"出了几十万个"脚印"，绘制出了我国第一幅立体月球图所依托的卫星搭载的激光高度计，就是上海技物所王建宇及其团队研制的；"十一五"、"十二五"期间一批与空间激光技术有关的科研项目应用于多个国家空间工程任务中，这背后也都有王建宇及其团队的一份功劳。

成像光谱技术第一完成人

王建宇说他很幸运，他是上世纪80年代初考入上海技物所的研究生，师从我国红外遥感光谱探测领域开拓者之一的薛永祺先生（薛永祺1999年当选中科院院士）。"我的运气好，在刚走上科研之路时就遇到了薛先生这样的好老师，并且在国际上

刚提出成像光谱的概念时,薛老师就给了我这样一个富有挑战的课题。那时我要做的是要在传统二维遥感的基础上,把每个像元的光谱都采集起来。那时美国人也刚开始做成像光谱。薛老师作为这方面的战略科学家是很敏锐的,国际上刚有成像光谱仪的雏形,他就看到这个东西的价值了。他当时就对我说,你就往波段拓展,往智能化上做。"

王建宇硕士毕业时拿出的初步科研结果超出预期。在此基础上,中科院再给了一部分经费支持他们进一步完善。这样到了"七五"期末(1990年),技物所已经有了71谱段的成像光谱仪的原理样机,也因为有了这样的储备,薛永祺才有底气拼一把,在半年内做出试验用的成像光谱仪,并用这台成像光谱仪到澳大利亚去,完成一项国际合作任务。

成像光谱仪的成功研制,除了与领军人物薛永祺的反应极为敏锐,而且争取把它列进国家预研项目分不开,还有一个至关重要的因素是他找对了做事的人——王建宇。王建宇的专注投入、勤勉和创造性对项目的成功功不可没。6年硕博连读,王建宇基本上把所有时间和精力都耗在这个项目上了。

中国有了成像光谱仪,一些国家就向薛永祺团队发出了利用中国的成像光谱仪合作探测的邀请,其中包括澳大利亚达尔文市。这也是中国自主研发的成像光谱仪首次出国执行任务。为了这次任务,王建宇只身一人先带着仪器的飞行数据前往澳大利亚接受澳方专家关于仪器和数据的评价。王建宇事后说,当初确实有点去接受国际考试的感觉,这个比他博士论文答辩难度大多了,对方都是澳方大牌人物,他们提出的问题都是从应用的角度,问的很具体,涉及到具体实验数据、参数,王建宇一一耐心解释。差不多半天的答辩会后,澳方专家对中方仪器的效果和稳定性投了认可票。国内这边得到信息后,薛永祺带领团队和在澳大利亚的王建宇会合,用这台中国成像光谱仪在达尔文市不同区域飞了多次,得到的信息不仅验证了这座城市的地形地貌,发现了这座城市的矿产信息,而且还查找到了这座城市能源消耗的一些漏洞。这些发现让很多澳大利亚人口服心服,澳媒体在报道这件事时说道:中国高科技征服了达尔文市。

从多光谱扫描仪到成像光谱仪是航空遥感技术领域一次革命性的进步,国外少数发达国家差不多在上世纪80年代中后期才开始实现了这一转折,而上海技物所薛永祺团队历经数年将一个先期投入仅15万的预研项目孵化成国家重大科技攻关项目的主干部分,该套仪器首次亮相就远赴澳洲,所取得的数据让澳大利亚同行刮目相看。在澳大利亚首开纪录后,中国的成像光谱仪又和日本、美国、俄罗斯、马来西亚等国实施了多次国际合作计划,并逐步过渡到商业合作,其中马来西亚出资全套引进中方的技术和装备,由此也创下了中国自主研发的遥感测试装备成套出口的先例。成像光谱技术2004年获得了国家科技进步二等奖,王建宇是第一完成人。

多维集成遥感技术迈向国际第一方阵

王建宇获评"上海市科技精英"的第二项工作也与成像光谱仪有关联。上个世纪末90年代末,王建宇在薛院士支持下,除了继续在成像光谱领域有所拓展外,又开始更多地涉足主动成像、高分辨率成像和三维成像领域,目标是从物理上获得清晰度更高的遥感光谱。2000年后,王建宇在"863计划"支持下尝试在以往工作的基础上形成多维集成遥感技术,从而迈向在当时国际上处于第一方阵的研究领域。此后整个八年期间(2000-2008),王建宇及其同事在理论上有所建树的同时,更多地是往应用上努力,在载人航天、嫦娥探月、环境资源卫星上都用到了成像光谱多维技术,把单一的成像光谱推向综合遥感方向,"十二五"期间,王建宇成为国家16个重大专项之一的高分重大专项航空部分的副总设计师,负责新型光学载荷的研制。现在这项技术已从航空提升到航天,成像光谱多维技术也已经成为航天技术的主力技术之一。从全球来看,目前中国在成像光谱多维技术领域的整体研发能力已经处在领跑的位置。2011年王建宇也因此获得国家技术发明二等奖。这也是他获得"科技精英"称号最具份量的工作之一。

激光遥感设备成功上天运行

第三个导致王建宇评上"科技精英"的工作涉及空间激光遥感。当时(2002年)国家准备的探月一期项目需要有对月球的高程探测。上报的方案中有微波探测和激光探测两种,前者比较成熟,但分辨率精度相对不够；后者分辨率高，是一种代表发展方向的技术，但问题是我们国家激光有效载荷从未上过天，而且能不能做出来风险很大。但是探月项目首席科学家欧阳自远院士最终选择了上海技物所上报的激光方案。王建宇等人接了任务后感到压力很大。当时日本人也在做，他们起步早于我们，而且那时他们已有样机，而我们是从头开始。王建宇在调研后了解到，引进日本的技术装备是不太可能的，首先两者的探月轨道不在一个高度，使用起来的灵敏度会有很大变化。再者，这类尖端技术外国人也不愿意给我们，会开出你无法接受的天价。结论是只能自己做。为此王建宇找到了中科院上海光机所，他们激光器做得很好，但从未做过与航天相关的激光器。对于上海光机所的这次合作，王建宇清楚地知道，这不是简单的购买激光器，而是从激光器设计开始双方就必须精诚合作，共同研制我国第一台能够在天上工作的大能量激光器。尽管这次任务技物所是主导单位，但技物所和光机所始终无隙合作。2007年这一合作取得了突破性结果：我们国家首台完全自主知识产权（没有一件核心部件是进口的）的激光遥感设备上天。这项核心技术的突破使我国在空间激光探测领域的进步至少提前了5-10年。技物所专门成立了中科院空间主动光电技术重点实验室，到目前为止80%以上的中国空间激光载荷都是由技物所和光机所合作承担的，并由此开拓了一个全新的领域。这也是合作共赢的典范。正是通过这次合作，空间主动光电探测技术成为上海技物所新的学科发展方向，而空间激光器技术也成为上海光机所的支撑技术之一。这项工作得到了2015年中科院杰出成就奖。

王建宇（右一）从中科院院长白春礼手中接过荣誉奖杯

量子卫星工程的常务副总设计师

话题转到时下热门的量子技术。王建宇说，量子通信技术能有今天这样的爆发性进展也是潘建伟教授数十年攻关积累的结果。而就这次量子卫星的发射涉及的器件和工程方面的准备至少也是十年磨一剑的产物。事实上，王建宇和潘建伟为这件事的合作从2007年就开始了。当时的背景是，潘建伟已经在量子通信领域里做了多项国际领先的研究工作，而王建宇那时即将卸任所长，中科院领导希望他到上海分院去承担管理工作。同时领导充分理解王建宇的想法，让他有机会在更高的平台上承担更重要科研任务。正好彼时中科院层面已在筹划天地间开展量子通信的大项目。院领导要王建宇从天地间通信的角度对项目作通盘考虑。为此院领导专门找潘建伟和王建宇谈话，要求他俩一起合作把这项任务承担下来。

就这样，2007年开始酝酿方案，2008年被正式列为中科院重大创新项目——空间尺度量子通信关键技术研究。当时分工潘建伟作为首席科学家，负责科学思想和科学目标的提出和设计，王建宇作为项目总设计师负责整个工程的设计和实施。具体工作由中国科技大学与中科院上海技术物理研究所联系落实，有5-6家中科院单位共同推进，其中有小卫星中心、成都光电所、天文台站等。

这个强强联合的中科院大团队在接下来的几年中，在上海、成都和青海湖开展了远距离自由空间量子通信的攻关，旨在攻克星地量子通信中的关键技术，并且完成天地一体化量子通信的工程大方案。经过将近4年的努力，不但解决了星地量子通信的可行性问题，而且地面远距离的多项量子通信的实验结果在英国著名杂志《Nature》和其子刊中

高亮度量子纠缠源

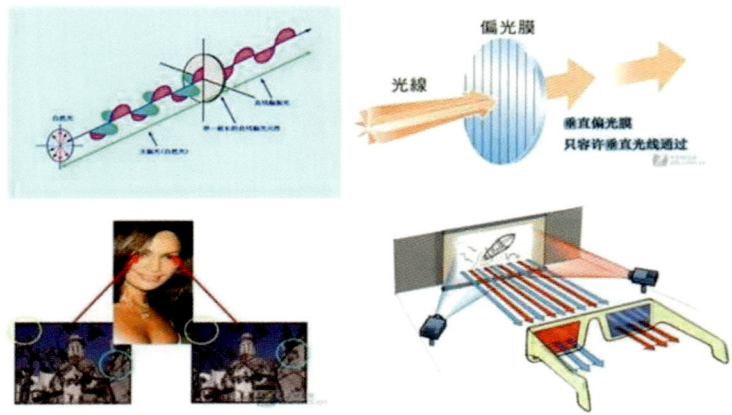

得到发表,取得了一系列国际领先的科研成果。2011年底全球第一颗量子科学实验卫星工程在中科院战略性先导科技专项的支持下得以正式立项。作为前期工程的主要负责人,王建宇担任了整个量子卫星工程的常务副总设计师,并兼任了量子卫星系统的总指挥。

围绕这个项目,王建宇和整个团队从2008年开始就针对很多核心技术逐一攻关。一是天地一体的捕获、跟踪、指向技术。在卫星从地面甫一升空就要对准它,把它仅仅盯住、抓住。激光通信卫星是有这种捕获、指向技术的,但这次量子通信卫星的捕获、跟踪的难度更高。譬如量子纠缠分发需要从卫星上把一对纠缠的光子分发到两个相聚1200公里的地面站。星地光路对接是国际上公认的难题,而一颗卫星要实时高精度地对接两个地面望远镜国际上谁也没有做过。美国人第一次发射激光通信卫星时,就因为没能和地面完成链路对接而失败。

二是量子通信中的量子信息调制于一个个光量子中,"量子通讯的本质是极弱的激光通信。"王建宇这次要啃的"硬骨头"是要把从千公里外太空中发出极其微弱的激光,在地面上一个光子一个光子地接收下来并检测出它们的偏振状态,而同时到达地面望远镜里的信标光的强度是量子光的10个数量级以上,必须把数量极少的光量子从数量巨大的信标光子中分离出来,几乎所有的参数都扣着理论极限。同时,为了解决这些难题,技物所团队和中科大团队分别在上海、青海湖共同奋战了三年多。

三是近衍射极限光量子发射和多源同轴配准。信标光和量子光是不同源的,单两个光源必须要指向同一个目标,指向精度要控制在0.7个角秒度以内。微弧度量级校准难度之高对王建宇是最棘手的挑战,地面做得即使再达标,但卫星平台的微小振动,一点点微变形就会对高精度的光通信链路带来很大影响,甚至导致整个工程的失效。为达到这样的指向精度,王建宇团队采用了包括通过对卫星振动的模型分析和地面物理仿真,天地一体的测量标志作矫正等多种手段。其中天地一体校正是他们创新的产物:用天上某种可控制的光(量子校正光)来测量测出信标光和量子光偏离了多少,测量出来后还得设法校正回去,整个过程必须做到万无一失。

四是偏振态保持与基矢跟踪测量。天上发的量子光的偏振态通过光学系统会发生变化,卫星上的偏振发射基矢和地面接收的基矢也是不断变化的。研究者要设法让星地相对基矢保持不变,并确保天地间的偏振态的高保真。比如密钥分发要求偏振对比保持度要100比1以上,即偏振误差不能超1%。地面可以做到几百比一,但星地一体国际上还没人做过。星地的控制难度比地面要大得多。这次我们星地连起来最好能超过100比1以上。尽管偏振在光学界是个古老的话题,但在天地一体化的大系统中,实现远距离的高精度

2008—2011年,中科大团队和技物所团队在青海湖附近做了大量实验

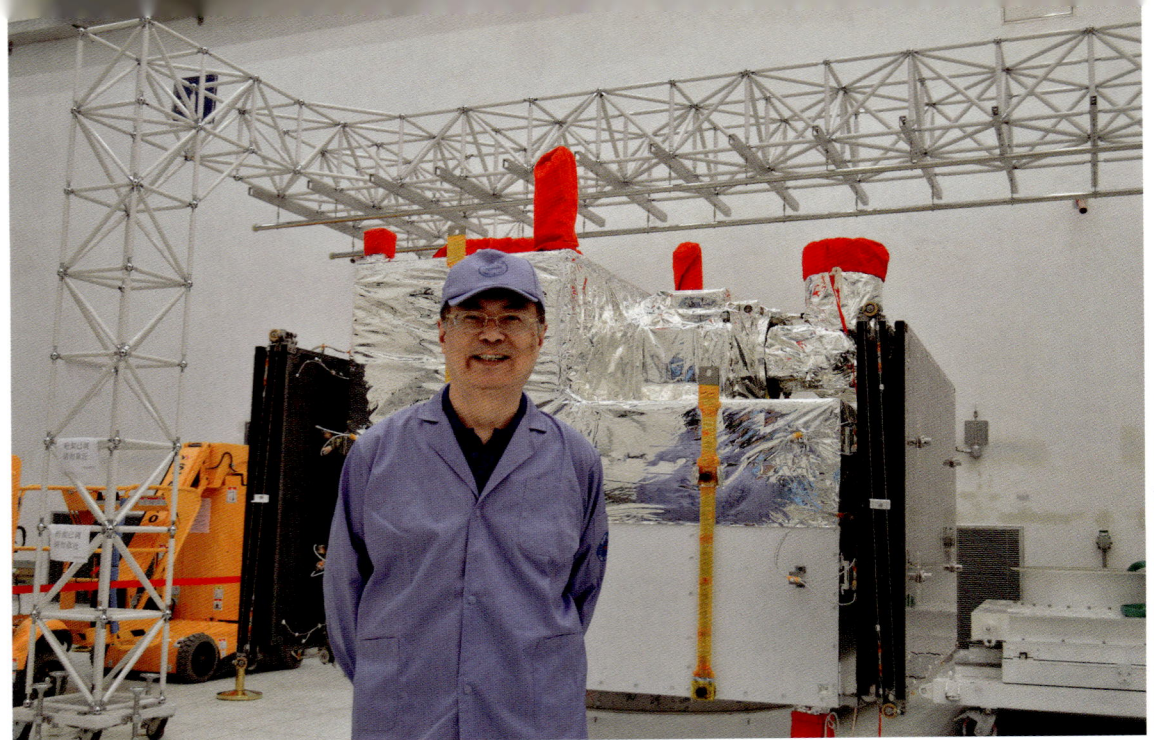

工作中的王建宇

偏振保持,这是前人没有做过的。

第五是高精度时间同步技术。这是达到纳秒级(10-9秒)时间的同步,实验要求天上每5-10个纳秒发一个光子,所以要让这些光子排好队,并知道发下来是哪一个,这件事王建宇团队做到了。

第六是高亮度量子纠缠源。量子纠缠源是产生纠缠光子对的设备,也是完成量子纠缠分发实验的核心载荷之一,在国际上做高亮度量子纠缠源本来就是很难的事情,这次王建宇团队不但做了全世界最亮的量子纠缠源,而且发射上天了。

以上每项关键技术王建宇团队都要一一落实确认。航天科学有责任制,做任何事都得有人拍板。王建宇是从头开始做到底的指挥员,所有重大关键问题的拍板都要求他定下来。

中国的量子通信技术走在世界前列

中国的首颗(也是世界首颗)量子通信卫星是去年8月16日发射上天的,到今年1月18日正式交付,这意味着可以做科学实验了。王建宇告诉笔者,实际上相关试验我们早就做了,到今年初原定的由潘建伟负责的科学实验任务都已经完成了,到现在可以说三大科学实验(量子密钥分发、量子纠缠分发、量子隐性传态)都有了突破性结果,这才是真正的重大成果。其中量子纠缠分发的工作在今年6月16日的Science杂志上以封面文章刊登,量子秘钥分发和量子隐形传态实验的结果在今年8月10日《自然》杂志同期发表。至此,"墨子号"量子卫星提前并圆满实现全部三大既定科学目标。这一重要成果为未来开展空间尺度量子通信网络研究,以及空间量子物理学和量子引力实验检验等研究奠定了可靠的技术基础。为此,《自然》杂志的审稿人称赞星地量子密钥分发成果是"令人钦佩的成就"和"本领域的一个里程碑",并断言"毫无疑问将引起量子信息、空间科学等领域的科学家和普通大众的高度兴趣,并导致公众媒体极为广泛的报道"。

打了这么多攻坚战,迎接了一个个高难挑战后,王建宇又承接了一个高难度的任务,为了让

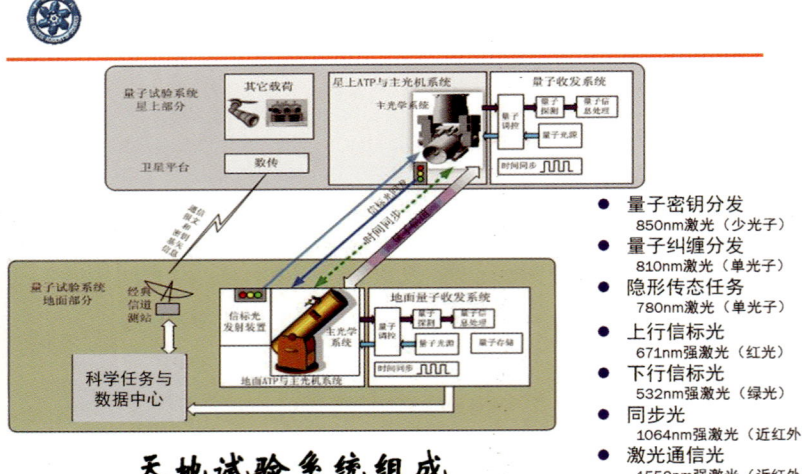

天地试验系统组成

更多普通百姓也能理解中国科学家执行这次开创性量子通信卫星项目的难度和意义，要向社会公众做科普，特别是要用一些形象的比喻来通俗又不失本意地描述对准、偏正等一些专业用语的涵义。这也是中科院白春礼院长给王建宇布置的任务。几经琢磨后，王建宇用了这样的比喻：天地一体的捕获、跟踪和偏振态保持的难度相当于坐在飞机上从万米高空扔硬币，同时扔向地面两个旋转的储蓄罐，硬币不但要击中储蓄罐，而且要准确地投入细长的投币狭缝；至于从地面上要探测到卫星上发出的一个光子，其难度相当于地面1米口径的望远镜，要看38万公里外的月球上燃着的一根火柴。这需要何等的灵敏度！

本文一开始提到王建宇素来低调，但这次为了量子通信卫星项目，为了能让更多的人了解、理解这次科学重大工程的价值和意义，王建宇破例地在不少场合都去做报告，也接受了不少媒体的采访，包括这次接受市科协"科技精英"的跟踪报道。王建宇说这也是领导布置给他的任务，目的就是一个，能让更多人理解中国科学家做这件事的意义，也从而激发更多年轻人热爱科学，愿意投身科学探究中。

采访临近结束，王建宇应笔者要求，对这次我们在量子通信技术上突破的意义做了小结：

"今天我们的量子通信技术能走在世界前列绝非偶然。目前航天技术领域我们的发射量已居世界第二，激光技术也是处在国际第一方阵，空间激光技术肯定是在第一方阵，加上地面的量子通信技术在国际上处于领先地位，这些优势集合起来才成就了今天的成果。所以中国的科技发展达到今天的格局和状态是有基础的。另外这次工作再次凸显科学家的科学思想是灵魂，没有潘建伟的思想是不可能做成这件事的。之前我们所有的航天方面的工作，包括载人航天、探月等，都是我们跟着别人，但就这件事而言，我们是从原理到技术都是首创的。这也是中国科学家的创新思想和中国高技术快速发展完美的结合"。

王建宇：中科院上海技物所研究员、量子通信卫星项目工程常务副总设计师，第十二届上海市科技精英。

杨桂生：优化环境 促进科技成果转化

文/王阳

精锐视野

随着我国科技投入力度不断加大，近年来科技成果产出逐年增加，年专利申报和论文发表数量位居世界第一，但科技成果转化率却不尽如人意。为了提高成果转化率，不仅是科技领域在研讨想办法，经济和社会各领域也都十分关心，各级政府为此出台了许多政策文件。

"要创新就会有成果转化的问题。目前成果转化问题虽然有缓解，但是这是一个长期性的工作，有必要通过进一步改善工作来促进科技成果转化。"上海杰事杰新材料（集团）股份有限公司董事长杨桂生，结合自己的相关工作经历，就如何提高成果转化率谈了意见和建议。

面临供给侧结构性改革

成果转化首先要市场鉴定其是否具有价值。多年来，许多面临转化难题的成果，科研人员都没有主动考虑和熟悉市场需求，研究项目较少考虑实用价值。在选择研究课题时，往往只重视学术水平及课题的新颖性，忽视了科研成果转化的可行性。因此，很多科研行为与市场需求存在很大差距，导致满足市场需求的科技成果并不多。

2015年修订了《中华人民共和国促进科技成果转化法》，出台了相应配套政策，从政策层面促进了研发机构以及高等院校技术转移，加大了源头供给。

2016年底召开的中央经济工作会议上，习近平总书记要求坚持以推进供给侧结构性改革为主线，深化创新驱动，促进经济平稳健康发展和社会稳定和谐。

杨桂生认为，供给侧改革要立足于市场需求，进一步调动科技人员积极性，激励其创新创业；要以企业为主体，全面优化自主创新体系。发挥企业以市场为导向的优势，将企业定位为整个研发的龙头和集成商，将大的题目分解，委托科研机构和高校去实施技术突破，优势互补，从而自供给侧切实解决科技成果转化难题。

把成果评估权还给市场

当前国内高校和科研机构科技成果评估的周期较长，要经过评估立项、确认等一系列流程，且评估结果作为投资入股的依据也存在一定的不确定性和不合理性。譬如无形资产评估值要做十年摊销，被评估越高，项目公司每年盈利压力就越大。

科技成果合理定价是科技成果资本化的关键。杨桂生建议：改绝对的办法为相对的办法——把约定相应的回报作为一种选项。如约定该部分资产占20%-30%的股份或以收益的20%-30%作为分成。通过一个适当比例，灵活选择计价方法折现被评估的科技成果，以其作为作价投资、折算股份以及计算出资比例的认定依据。也可借此简化流程，改善项目评估中周期过长、项目公司负担过重的问题，使所成立的项目公司轻装上阵、良性运转。

发挥已认定创新平台作用

为了鼓励和支持科技创新，国家发改委开展了国家工程研究中心认定、科技部开展了国家工程技术研究中心认定，发改委、科技部等部门联合开展了国家企业技术中心认定等工作。

杨桂生强调尤其要发挥国家企业技术中心的作用。目前，全国已有国家企业技术中心超过1000家。与国家其他平台如国家重点实验室、国家工程实验室相比，主要差异在于它要求依托单位的市场规模在行业内名列前茅，这类企业有较强的市场开拓能力和综合管理能力。如能发挥这一载体的作用，则可有效缩短产业化的周期和保障产业化推进的效率。

发挥成果转化指导者作用

目前，有一大批高校和科研院所中的成果转化管理者退休，他们多数既是科研人员又是管理干部。这些人长期从事科技成果转化管理，对市场环境、法律法规、财务政策等有深入系统的了解，对科技企业来说是宝贵的资源。为此，杨桂生建议：借鉴创业导师运作模式，设立实施科技成果转化导师制。一方面制定相关配套细则，考虑到已退休的科技管理者的科技工作属性，引导和激励他们发挥积极性，对于在成果转化中的贡献给予合适的奖励及公正评价，以提高企业科技成果的转化率。另一方面，发挥实体经济领域成功的企业家作用，使其丰富的企业运营和科技成果转化经验可以用于公共事业，以促进科技成果转化。

改革成果转化奖励税收制度

过去，在科技成果转化过程中，以"工资、薪金所得"超额累进税率缴纳个人所得税的规定（45%的税率），成为科技成果发明人实施成果转化的"拦路虎"。这一现象不仅引发了科研人员的广泛关注，而且已经引起有关部门注意。

杨桂生说，科技成果转化奖金是科研项目成功后的"偶然"所得，不是一项长期性收入，其收入适用'工资、薪金所得'的政策显失公允，也不利于对于科研成果转化人员的激励和引导。为此建议：参照股权激励和技术入股的新政策，按照税法"偶然所得"项，将此类奖金税率降至20%。

给自主创新成果市场机会

习近平总书记强调："我国科技界要坚定创新自信，坚定敢为天下先的志向，在独创独有上下功夫，勇于挑战最前沿的科学问题，提出更多原创理论，作出更多原创发现，力争在重要科技领域实现跨越发展，跟上甚至引领世界科技发展新方向，掌握新一轮全球科技竞争的战略主动权。"为此，要强调需求引领是对科技成果转化的最大支持。科技成果转化具有长期性、艰巨性、复杂性和不确定性，是一个复杂过程。杨桂生建议：应从国家层面倡导全民使用自主创新产品，尤其注重发挥在政府采购方面的导向作用及国有企业干部的带头示范效应。在政府采购过程中明确国货标准，制定相关配套措施，完善国内产品追溯制度，保护知识产权，完善召回制度。国有企事业单位干部带头使用国货，作提振对于国货信心的表率，促进自主创新产品在市场应用中不断提升品质。

杨桂生：上海杰事杰新材料（集团）股份有限公司董事长，国家新材料产业发展专家咨询委员会委员，科技部首批中国火炬创业导师，第七届上海市科技精英。

"保住患者视力是我作为医生的责任"
——记第十四届上海市科技精英孙兴怀

文/陶婷婷

青光眼被视为不可逆致盲的主要因素之一，在我国的患病率达 2.66%，随着人口老龄化加剧，预计到 2020 年，我国青光眼患者将达到 2182 万人。面对这一严峻的情况，上海有一个人将青光眼和视神经疾病及低视力的临床、科研及教学工作作为自己的终身事业，他用仁心仁术为一名又一名青光眼患者留住宝贵的视力……他，就是复旦大学附属眼耳鼻喉科医院孙兴怀教授。

出现在记者眼前的孙教授清瘦儒雅，两鬓的头发有一些斑白，在办公室里依然穿着白大褂，耐心地回答一个个问题。他很严谨，是典型的学者，在问及一些具体数据时，还会打开电脑一一核对后再告诉记者。

正是这份细致和缜密使得他在临床治疗和科研创新上都成绩卓著。

率先研发主动视觉训练

青光眼重患往往因为视力被"判死刑"而放弃治疗，孙兴怀却为他们推开了那扇即将被关上的"窗户"。他告诉记者，人类的视觉并非简单地靠眼球去看周遭的人、事物。其实，眼球好比摄像头采集视频，将信号转化为电波传送到大脑，再由负责视觉分析的大脑区域进行处理。经研究，孙兴怀发现，青光眼中心视野损害患者的低视力主要是受到大脑视觉皮层认知功能中的视觉拥挤效应影响。经过长期研究，他实现了对人类视觉潜能的挖掘。他打了个比方："在摩肩接踵的南京路上，你可以在人海中一眼就认出那个你熟悉的人，这就是大脑起到的作用。"为此，孙兴怀带领团队设计研发了一套软件系统，在此基础上形成主动视觉训练的方法，用于患者康复。实践表明，56% 青光眼已致盲患者（视力低于 0.05）进行训练后，视力能得到显著提高，达到世界卫生组织定义的"低视力"水平（0.1 及以上），实现生活基本自理。其中，有原本视力仅有 0.02 的盲校学生在接受主动视觉训练后脱盲了，视力恢复到了 0.12。

率先推行 24 小时眼压检测

青光眼是眼内压间断或持续升高的一种眼病，持续的高眼压会给眼球各部分组织和视功能带来损害，如不及时治疗，视野可能全部丧失甚至失明。在门诊中，孙兴怀发现许多眼压测试结果正常的青光眼患者，其视神经和视野损害仍在发展。他介绍说："人的眼压每个时刻都在变化，一个时间点的检测结果不能反映全天的病理情况。"于是，孙兴怀和他的团队在国内率先提出，24 小时眼压检测是青光眼诊疗的关键指标。

孙兴怀进一步介绍："我们发现这类病人中有 2/3 的患者眼压高峰值不在上班时间，50% 的病人眼压高峰值处于凌晨 1 点到 5 点之间。"他与学生所在的二级医院合作进行了青光眼患者的 24 小时眼压检测，建立了我国每两小时测一次眼压的 24 小时眼压检测方法，并运用于临床上作为不同青光眼类型的诊断标准。

24 小时眼压曲线打破了传统固化思维，使得医生能为患者制定个体化治疗方案。孙兴怀介绍说："眼药水滴下去都有一个吸收过程，药效从强到弱。不同眼药水对眼压控制起到的作用不同，在白天和夜间起到的疗效也有差异。24 小时眼压监测能帮助医生为不同患者制定个体化的治疗方案。结合降眼压药物的药理学特性，病人得到个体化的用药指导，同时青光眼的误漏诊率也降低 30% 以上。"

筛查突变基因协助早期诊断

青光眼具有一定的家族遗传性，然而，孙兴怀发现很多青少年发病后往往误以为是近视而错过了最佳治疗时机。为此，在青光眼遗传学研究方面，孙兴怀和他的团队通过对大样本青光眼核心家系及散发病例的分析，首次提出在家族性青光眼家庭中开展 MYOC 基因筛查，协助临床早期诊断青少年起病青光眼的观点；首次在以中国大陆和新加坡华人为基础的样本量最大的亚洲人群中开展青光眼全基因组关联分析。结果，孙兴怀和他的团队在国际上首次发现 ABCA1 基因与原发性开角型青光眼存在显著关联，并在相关危险人群中得到验证，从而提出了基于青光眼致病基因的临床前诊断新策略，填补了我国在该领域的空白。孙兴怀说："研究发现，如是与青光眼患者有血缘关系的一级亲属，那么他们患病的概率要比一般人群高 10 倍。这些人群就是青光眼预防需要重点关注的群体。"他呼吁，要防止青光眼损害和致盲，首先要像关注自己的血压一样关心自己的眼压。建议 40 岁以上人群每年要做一次眼睛的检查，有青光眼家族史的话，20 岁以后每年要查一次。普通人群也需要每两年检查一次。

向全世界展示中国的原发性闭角型青光眼系统研究

原发性闭角型青光眼（闭青）是全球主要的不可逆致盲眼病，眼科领域影响因子（IF=11.587）最权威的杂志《Progress in Retinal and Eye Research》于 2016 年底在线发表了孙兴怀教授团队有关"原发性闭角型青光眼——已知与未知"的特邀研究综述。全文从流行病学，发病机制，临床特点及治疗原则等方面对该疾病进行了系统阐述，还配有精美的示意图。这是中国作者首次完整地向全世界眼科界展示我们对原发性闭角型青光眼的系统研究和认识。对于近年来流行的该疾病分类命名系统的争议，源于眼耳鼻喉科医院眼科几代人数十年来的临床观察和研究，孙兴怀在欧美眼科界主导话语权的环境中，发出了中国的声音，在国际最权威的眼科杂志上，摆事实，讲道理，提出了我们自己的观点，获得了同行专家的认可。这对闭青的认识和防治有了长足的进步，并推进对闭青的深入研究、早期预防和创新治疗。因为闭青是可以在早期被预防的一类原发性青光眼（另一类型是开青，目前没有预防措施），他提出还需要进一步甄别哪一类房角或人群能更受益于预防性的干预措施。此外，闭青的发病和疾病进展与个体的情绪波动密切相关，进一步的研究将如何调整闭青患者的心理状态以及平衡交感和副交感的神经活动，研发针对闭青的创新药

物，这些努力或将有助于改善闭青的预后。

近年来，孙兴怀在科研上可谓硕果累累，仅2016年就先后获得"仁心医者上海市杰出专科医师奖"；中美眼科学会"中华眼科金苹果奖"；上海市科普教育创新奖"科普杰出人物奖"，并以第一完成人的身份凭借"了解青光眼战胜青光眼"项目获得国家科学技术进步奖二等奖。

更中意别人称呼他"孙医生"

中华医学会眼科学分会候任主委、中国研究型学会眼科学与视觉科学专业主委、中国医师协会眼科医师分会副会长、上海市医学会眼科专科委员会候任主委、上海市医师协会眼科医师分会会长、卫生部近视眼重点实验室（复旦大学）主任……身兼数职的孙兴怀每天都在不停地切换着工作"频道"。

孙兴怀担任复旦大学附属眼耳鼻喉科医院院长时锐意改革。他积极投身医改，创新医院管理模式，提高服务效率，各方面都取得了长足的进展。申康医院发展中心的统计资料显示，根据医院绩效的年均出院人次、年均手术量等指标，眼耳鼻喉科医院均名列前茅，远超上海市三甲医院平均水平。2014年，孙兴怀获得中国医院协会"优秀医院院长"称号。

作为师长，孙兴怀对学生总是严格要求。他常对学生说："不要每天简单地应付病人，要从中发现问题，总结规律。不要轻易否认病人的主诉，如果有解释不了的临床现象，要主动告知病人，还需知道医学是无止境的，要带着问题继续探究。"由他指导毕业的博士研究生已有28名，硕士研究生10名。这些毕业的学生中，获"全国五一劳动奖章"1人、上海市"青年科技启明星"2人、上海市高校优秀毕业生4人、获国家自然科学基金项目18人。

但是，孙兴怀最喜欢的身份还是一名临床医生。他表示，最幸福的时候是你诊治的病人治愈康复了，尤其是那些其他医院无法治疗的复杂疑难病例被你攻克了。事实上，目前我们的医疗水平还远远没有达到无所不克的程度。孙兴怀记忆中也有一些痛心的时刻。他介绍说："记得我还是年轻的副高医生时，一位患发育性青光眼的上海女中学生由她妈妈陪伴着到我这里就诊时，一只眼已经失明，另一只眼视力0.5，视野很小。因她父亲在北京工作，慕名去北京诊治，在那已经做过好几次手术了，但病情没有控制住且进一步恶化。我接诊后给她做了手术，术后由于愈合过快眼压仍然控制不好，只好再次手术，还是由于瘢痕化的原因，眼压失控了。我给她再次选择青

上海市科技精英孙兴怀

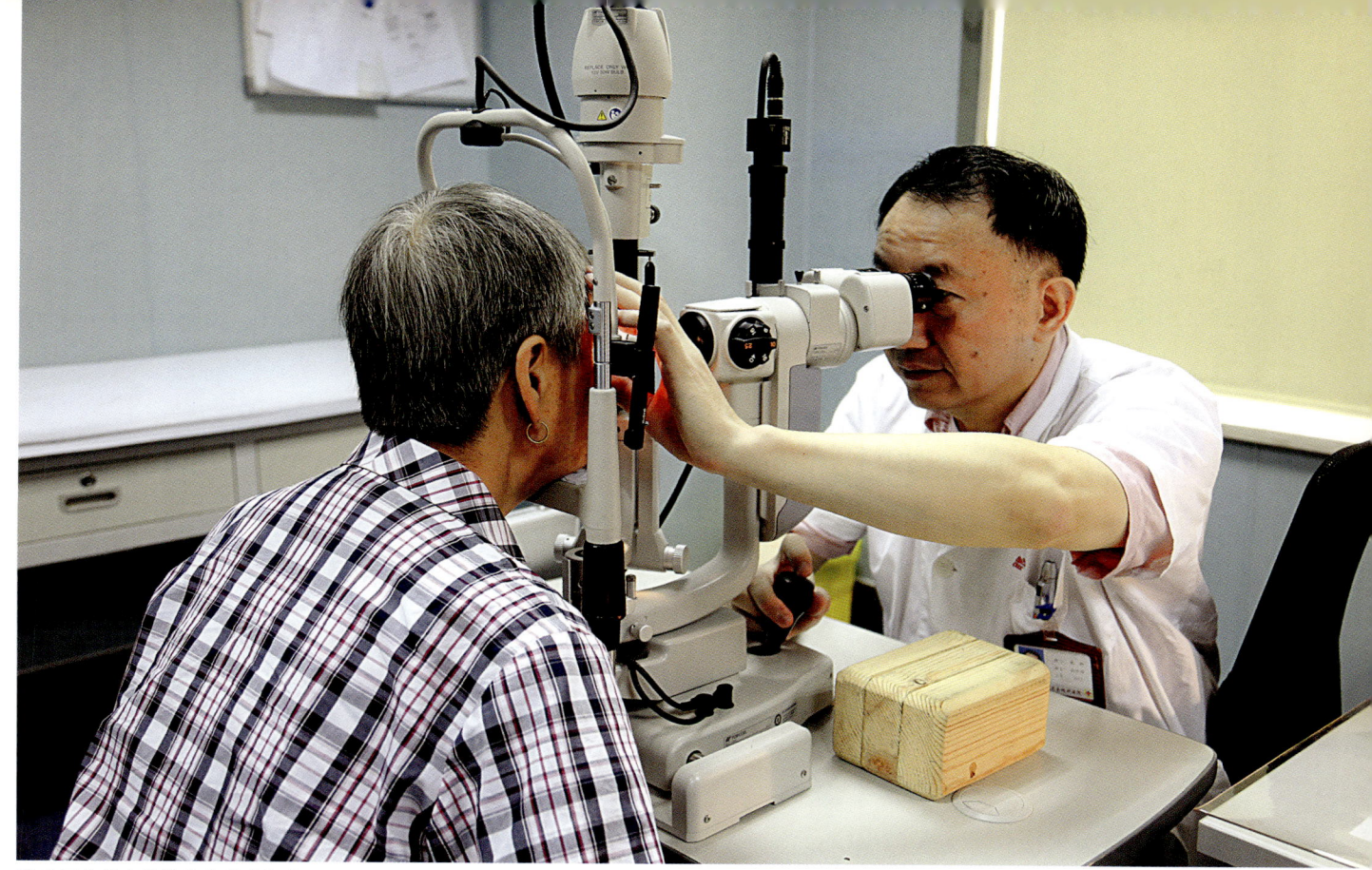

孙兴怀教授全神贯注为患者诊治

光眼减压阀手术,但术后发生了浅前房,导致晶体混浊,最后又做了白内障手术。虽然眼压是基本控制住了,但最后的那个管状视野却丧失了,只剩下光感。我虽然尽了最大的努力,但亲眼看到一个花季少女逐步走向黑暗,这是一件很痛心的事,我一直不能忘怀。这个病例始终激励我努力加强难治性青光眼的研究,以取得好的临床效果。这位失明的女孩,后来在慈善基金的资助下到国外盲校学习。她有次回上海,我得知后还请她专门到我们上海市青光眼患者俱乐部给青光眼患者做了专题讲座。我请她做讲座的目的是,让她以自己的亲身经历,证明失去视力后的人生仍然可以有所精彩,给我们那些还有剩余视力的晚期青光眼患者以人生激励。"

复旦大学附属眼耳鼻喉科医院是国内唯一的三级甲等专科医院,每天都有很多来自全国各地的求医患者,他们之中不少人患有疑难杂症。针对这些患者,孙兴怀研究出了一些独特方法,认为在病人有可能挽回的光明面前,值得谨慎一搏,尽可能保留他们的视力。

这是让他记忆深刻的另一个病例。当年,这位病人只是个9岁的孩子,双眼患有先天性青光眼,眼球很大,视功能很差,已经晚期。在广州手术后一只眼睛发生了眼内爆发性出血失明并萎缩,对另一只眼睛医生不敢做手术了,升高的眼压控制不住,残留的一点视力每况愈下。母亲带着孩子来到上海,找到孙兴怀教授,在诊室里跪下,恳求孙医生救救她的孩子。孙兴怀对这个病例进行了全面的案例分析,认为:爆发性眼内出血原因在于手术切开眼球壁后的突然降压,加上被高眼压撑大后的眼球内腔有了可压缩的空间,降压导致的血管渗漏积液进入脉络膜上腔就会造成脉络膜高度脱离,高度脱离的脉络膜进而将血管拉断导致暴发性出血。这种情况如何缓解?眼压降下来就会有渗液,如果在眼球壁上开个口,一有渗液就能排出眼球外,那么就可以减少渗液造成的脉络膜高度脱离,是否就能防止血管被拉断而避免爆发性眼内出血这个恶果呢?按照这个思路孙兴怀设计了切开眼球降压之前预先做个巩膜壁的全层切开来疏导渗液,最终这个创新手术方式在这个患儿的唯一眼睛上成功了。去年,已23岁的这个患者再次前来复查,尽管十几年过去了,但这只手术眼的眼压平稳、0.2视力情况依旧维护得很好。患者的母亲逢人就激动地说,是孙兴怀救了我的孩子,我们一辈子忘不了他!

孙兴怀门诊中总有不少高风险的病例,他也总是承担这些难度高、风险大、"吃力不讨好"的手术,因为他是这方面的顶级专家,是学科带头人。虽然压力大,但他认为值得,"医生能务实地解决问题、帮助病人,是职责也是成就。好医生要做

精英荟萃

科学家，要对病人负责。尤其是别人束手无策的事情，要敢于挑战，但更需要有勇气、智慧和高超的技术。"

孙兴怀最爱听别人叫他一声"孙医生"。从医30多年，他在病人的一次又一次真切的感恩中得到了幸福感和成就感。他说："保住他们的视力，是我作为医生的责任，也是我最乐意做的事。"

注重科普教育 提高全民健康素质

孙兴怀既承担着繁重的医治工作，对科普教育也格外重视。他认为，对提高我国民众的疾病认知和防范意识，降低青光眼危害，提高全民健康素质，都具有极其重要的意义。他带领团队从我国实际情况出发，结合专业进展和成熟的新技术，撰写出版《了解青光眼战胜青光眼》，累计发行7万余册；通过社区科普宣讲、义诊咨询、眼病筛查和健康档案建立等多样的科普宣传活动，惠及达10万人次；在各类媒体推广青光眼科普及先进防治理念，受益人群难以计数。1997年，在上海市医学会的支持下，孙兴怀牵头创建了上海市青光眼患者俱乐部，开创了一种全新的患者教育模式，引起国内外的广泛关注，上海市青光眼俱乐部的活动形式被评为2015年全国眼科十大成就之一、上海市卫生系统优秀志愿服务项目。受邀在世界眼科大会、国际青光眼协会大会及英国青光眼患者协会上作了专题介绍；国际SCI期刊Clinical & Experimental Ophthalmology还发表过2篇文章，介绍该俱乐部的青光眼科普"上海模式"情况及成效。孙兴怀创建的青光眼俱乐部为上海、为中国赢得了国际声誉。

孙兴怀：复旦大学附属眼耳鼻喉科医院教授，专注于难治性青光眼的诊疗工作及其相关基础研究和专科人才培养。

链接：
上海市科技精英评选简介

文/孙 畅

上海市科技精英评选工作始于 1989 年，旨在更好地贯彻实施人才强国战略，走高端引领、整体开发的人才队伍建设之路，表彰为发展我国科学技术事业、促进本市经济发展和社会进步做出重要贡献的中青年科技工作者，进一步倡导和弘扬尊重劳动、尊重知识、尊重人才、尊重创造的社会风尚。评选工作由上海市科学技术协会负责组织实施，由上海科技发展基金会提供支持。上海市科技精英评选每 2 年一届，每届评出 10 名"上海市科技精英"、10 名"上海市科技精英提名奖"获得者。凡在上海市注册的科研机构、高等院校、企事业单位工作的科技工作者，从事自然科学、技术科学、工程技术以及相关管理工作，年龄在 55 周岁以下（含 55 周岁）并在上海工作满 1 年的中国公民，均可被推荐参加评选。中国科学院院士、中国工程院院士，历届上海市科技精英（不含提名奖获得者）不再作为上海市科技精英候选人推荐对象。

上海市科技精英评选密切关注生产、教学、科研和管理第一线的优秀科技人才，尤其是领军人才、高层次人才、创新型人才，以品德、能力、业绩作为人才评价的重点，二十多年来推荐、表彰了一批拔尖人才，使他们脱颖而出并且继续发展。在以往十四届科技精英及提名奖获得者中，已有 58 人当选中国科学院或中国工程院院士，更多获奖者已成为相关学科、专业的学术带头人以及工程技术的领军人物。他们推动着学科的发展、带动着技术的突破、引导着新兴产业的兴起。

纵观历年来的"上海市科技精英"，他们无一不是上海科技界优秀人才中的杰出代表，无一不是上海、乃至中国科技领域中学有建树、技有专精、攻坚世界科学前沿、创新技术应用成果，并做出重大贡献的中青年科学家和工程技术专家。他们中有的从事基础科学研究，有的从事各行业高新技术开发应用，有的从事国家重大工程建设，有的从事人类健康和医疗工作。在他们身上集中体现了广大优秀科技工作者高度的历史使命感和"献身、创新、求实、协作"的科学精神，引领着科技精英为科技进步和经济社会发展作出巨大的贡献，激励着更多的科技工作者勇攀高峰，再铸辉煌。我们相信，上海市科技精英奖在上海建设具有全球影响力的科技创新中心中必将发挥更大的作用。

长征医院的一朵红杜鹃
——记第八届上海青年科技英才杜鹃

文/戴丽昕

精英荟萃

杜鹃花，又名映山红，因其花开时映得满山皆红而得名。杜鹃花既是热情纯真、吉祥美好的象征，更是春天和革命胜利的象征。在上海长征医院也盛开着一朵红杜鹃，她就是第八届"上海青年科技英才"称号获得者——上海长征医院血液科副教授、副主任医师杜鹃。

两次荣获国际骨髓瘤基金会资助

2005年在德国乌尔姆大学学习期间，杜鹃就开始了对血液系统肿瘤分子发病机制的相关研究工作，成果先后发表在血液领军杂志上。2007年底回国后，杜鹃重点围绕多发性骨髓瘤进行专题研究。2012年，她成为我国第一位获得国际骨髓瘤基金会（IMF）特别研究基金资助的科研人员（该基金会在全球范围内每年仅资助七至八人）；2016年，她再次获得该基金会资助，成为连续两次获此殊荣的唯一的中国研究人员。在不大甚至有些简陋的办公室里，杜鹃告诉记者："可能大家还不是很了解这个基金会，所以没有过多的关注。我作为第一个获得该殊荣的中国人十分荣幸，这是我个人的荣誉，更是整个团队的成绩。这也代表了我们的研究方向正在和国际接轨，逐渐跟上了国际的步伐。"

多发性骨髓瘤是一种恶性浆细胞病，其肿瘤细胞起源于骨髓中的浆细胞，由于骨髓中恶性浆细胞异常增生伴有单克隆免疫球蛋白或轻链（M蛋白）过度生成（极少数患者可以是不产生M蛋白的未分泌型MM），从而导致溶骨性损害、高钙血症、贫血、肾脏损害等相关临床表现；也由于正常免疫球蛋白的生成受抑，因此容易出现各种细菌性感染。

杜鹃早在回国之初就了解到上海长征医院血液科已经在此领域潜心研究二十余年，成绩卓著。

于是她回国后就扎根在长征医院，兢兢业业地在骨髓瘤治疗领域不懈地努力研究着。杜鹃说，骨髓瘤病目前仍是无法治愈的疾病，并且有些患者会因为骨痛先去骨科就诊，或者因为肾功能异常去肾科就诊，最后查明是浆细胞恶性增殖引起的疾病，才会就诊于血液科。正是由于有时起病隐匿，不易发现，通常患者到血液科就诊时临床症状已经较重。因此，杜鹃呼吁，希望我国老年人在体检时增加相关检查项目，如有不适要及时就诊，只有做到早期诊断早期治疗，才能提高疗效和延长生存时间。

探索骨髓瘤发病机制新疗法

目前，国内外治疗多发性骨髓瘤的一线药物多数为进口。虽然今年初上海已经率先将部分药物纳入医保，但仍有部分费用需要个人负担。有些药物虽然已在临床应用多年，但是中国人和外国人的体质不同，对药物的敏感性也有所不同。杜鹃说，在医院的大力支持下，在科室侯健主任和傅卫军副主任的带领和指导下，他们共同开展了相关基因检测工作。杜鹃说，他们曾经采用高效、敏感的飞行时间质谱技术，筛选 526 例标本基因易感来观察病人对药物的敏感性。

杜鹃长期从事多发性骨髓瘤的一线临床和科研工作。她先后获得德国医学博士学位和东南大学理学博士学位。在加入上海长征医院的近 10 年里，她把全心全意为病人服务作为宗旨，把解除减轻患者病痛和挽救延长患者生命作为己任，刻苦钻研，扎实工作，把满腔热情倾注在医疗和科研事业上。她的优良思想品质来自不断进取的自我修养，优秀的工作成绩来自不懈努力的拼搏进取，较强的业务能力来自日积月累的临床和科研实践。在临床和科研工作中，她充分发挥科室骨干排头兵的作用，执笔撰写中国首个《多发性骨髓瘤周围神经病变诊疗——中国专家共识（2015年）》，参与国内外多个多发性骨髓瘤多个诊治指南的制定，近年来获得 8 项基金资助，包括国际和国家自然科学基金等，累计资助金额 300 余万元。在科室主任领导下和全科的配合下，在国内率先（科室首例）开展多发性骨髓瘤微小移植及 CAR-T 等免疫治疗等新疗法。采访杜鹃时，她正要去欧洲参加每年一度的国际骨髓瘤工作组高峰论坛和欧洲血液年会。作为国际骨髓瘤工作组专家委员会（IMWG）成员的中国骨髓瘤治疗专家之一，她说："就是要与国际高水平不断接轨，瞄准世界先进，在学习的基础上吸收，在吸收的基础上创新。"

采访结束，走出医院，天正下着暴雨。记者

旅途中的杜鹃教授

脑海中不禁浮现出去年一次花展中的一盆盆娇艳的杜鹃花——也是这样的暴雨，让杜鹃花更加娇艳。刚才采访的杜鹃，不就像风雨中无比娇艳的杜鹃花吗？她正在骨髓瘤疾病的研究中攻坚克难，为患者争取着更多新的希望！

杜鹃：上海长征医院血液科副主任医师，专注于血液系统肿瘤的诊治及自体造血干细胞移植和靶向治疗。

在人脑禁区擎起一盏生命探照灯
——记第八届上海青年科技英才李聪

文/吴苡婷

医疗实践证明，很多疾病与大脑病变有关，如阿尔茨海默病、帕金森症、脑卒中、各种脑部肿瘤等。但由于医学影像学领域的发展滞后，医生几乎很难在这些疾病发病早期能够提前探知，而在治疗这些疾病时，就因为血脑屏障的阻碍，往往不能取得令人满意的疗效。

复旦大学药学院教授李聪正在医学影像学领域孜孜探寻，并不断取得突破。他的科研团队和复旦大学附属华山医院研究团队合作，今年年初在材料学顶尖杂志《先进材料》上发表了一项用于脑肿瘤手术导航的新型探针，引发了科学界的广泛关注。这种新型探针如同一盏生命的探照灯，可以让外科医生在手术台上清晰地看到脑部肿瘤边缘，辅助医生精准地切除肿瘤而避免伤害临近的正常脑组织。李聪也因此获得了第八届"上海青年科技英才"称号。

"孩子在花季陨落让我很痛心"

在武汉大学获得本科和硕士学位的李聪，2004年在香港大学获博士学位。2005起在美国约翰·霍普金斯大学医学院放射科学系分子影像中心从事博士后工作。2009年，他来到了复旦大学药学院。

"当时选择研究方向时，我本能地选择了中枢神经系统分子影像研究领域。中国正在迈向老龄化社会，心脑血管疾病是老年人的高发病！"李聪告诉记者，"但近年来，由于生活、工作压力过大，年轻人得心脑血管疾病的比例也开始上升。这也可能是电子产品使用过多、神经系统还未发育完全的缘故，6—16岁的儿童得恶性肿瘤脑部胶质瘤的比例近年来不断攀升，发病率已经超过了白血病。很多孩子在花季陨落，这让我很痛心！"李聪科研团队研发的脑肿瘤手术导航的新型探针，可以安全地跨越血脑屏障，来到脑部肿瘤区域。李聪告诉记者，在进行脑部胶质瘤这种恶性肿瘤切除的过程中，医生可以清楚地看到病人脑部区域的荧光，那就是有癌细胞的区域，而切除这些荧光区域，代表的就是将癌细胞全部扫灭干净。若能应用于临床，则有望克服开颅手术过程中脑移位造成的导航信号失真，对提高胶质瘤切除率并避免损伤邻近重要脑功能区均有积极临床意义。

未来聚焦脑部治疗药物研发

中国目前的脑中风患者 80% 都属于脑血管中血栓阻塞导致的缺血性脑中风。事实上，国内外涉及到脑部的药物非常少，一旦发生缺血性脑中风，只有一种药物可以缓解血栓，还必须要在发病 4.5 个小时内进行注射，否则会带来脑出血风险。医生们经常是束手无策，95% 的病人不能从这种药物中获益。

李聪介绍说，脑部疾病另外一项挑战是克服血脑屏障，使不同种类药物安全、高效入脑。血脑屏障是大脑血管的特殊结构。血脑屏障会将大脑和血液分开，让大脑处于相对"安静"环境用于思考和学习。除此之外，血脑屏障还会将血液中的病原体挡在脑外。由于健康成年人的血脑屏障通透性很低，约 95% 常规药物难以进入大脑并发挥疗效。因此医生和科学家们一直在寻找可以让药物高效、安全跨过血脑屏障进入大脑的方法。近期，李聪科研团队还开发出了可以穿越血脑屏障用于缺血性脑卒中治疗的神经保护类药物，在临床前动物实验中获得较为满意的效果。李聪说，自己未来的目标是研发更多药物用于脑部疾病的治疗和诊断。他也希望与国内的医院和制药企业进行广泛合作，推动新型药物和手术导航型探针的临床实验，希望能够早日实现产业化，以造福大众。

李 聪：复旦大学药学院教授，聚焦于分子影像和分子探针领域，在脑胶质瘤"精准定位"、"手术导航"、"药物递送"和"诊疗一体化"等临床关键领域取得系列成果。

链接：
上海青年科技英才评选简介

文/孙 畅

上海青年科技英才评选工作始于 2002 年，旨在更好贯彻实施人才强市战略，表彰优秀青年科技工作者，进一步倡导和弘扬尊重劳动、尊重知识、尊重人才、鼓励创新、鼓励创造的社会风尚。评选工作由上海市科学技术协会组织实施，由上海科技发展基金会提供支持。

上海青年科技英才评选每两年一届。凡在上海市注册的科研机构、高等院校、企事业单位工作的科技工作者，从事自然科学、技术科学、工程技术以及相关管理工作，年龄在 40 周岁以下（含 40 周岁）并在上海工作满 1 年的中国公民，均可被推荐参加评选。中国科学院院士、中国工程院院士，历届上海市科技精英及上海青年科技英才不再作为上海青年科技英才候选人推荐对象。在以往的八届上海青年科技英才及提名奖获得者中，已产生了赵东元、葛均波、陈国强、丁奎岭、麻生明五位中国科学院院士。

2014 年，市科协对"上海青年科技英才"的评选办法进行了改革，决定从第七届起，对科技人才按照基础研究类、成果转化类和企业创新类进行分类评选，每类青年科技英才不超过 10 名，总计不超过 30 名。

上海青年科技英才评选聚焦国家和本市重大科研课题、重大工程项目、重要产业攻关项目以及重点学科、重点技术领域中的拔尖人才、创新人才，聚焦高新技术企业中取得自主创新成果的优秀人才。

目前，上海青年科技英才评选工作，与上海市科技精英评选以及中国工程院院士推选工作等成为上海市科协开展科技人才评选举荐的重要抓手。

我眼中的创新大赛与青少年科技创新人才培养
——为青少年科技创新活动点赞

文 / 韩正之

英才摇篮

我当了多年的青少年科技创新大赛工程组的评委，平时也常常作为指导专家参与青少年科技创新活动。这些渊源使我由衷地为青少年科技创新大赛点赞，而更愿意为青少年科技活动的日益普及而点赞，因为于中国大陆的青少年教育而言，开展这项活动实在是太必要了。

中国大陆的基础教育，闻名遐迩，尤其是上海。两次 PISA 考试，榜列第一，世界震撼。我曾经接待过日本和美国来沪考察基础教育的代表团，他们不仅对上海教师的教学水平感叹不已，而且对学生在知识理解、知识掌握和知识应用方面十分佩服。然而也有美国朋友诚恳地指出，你们的学生基本是围绕课堂教学内容在学习，学习的中心是去理解和应用老师讲授的知识，很少有机会去思考，特别是课堂外面的知识。言外之意是你们的课堂缺乏学生"批判性思维"和"创造性思维"的培养。专家看到上海教育的短板，切中肯綮。而青少年科技活动的开展是弥补这块短板的有效手段。

青少年科技项目的选题大多数有两个来源，一是指导老师提供的，二是学生自己提出的，而且项目的完成都强调学生的独立解决。前者，尽管是老师提出的项目，但是其中的原理多是学生自学的，如何实现这个项目需要学生自行钻研完成。

记得有一个中学几届学生都做了爬竿机器人的项目，指导教师介绍过国内外现用的爬竿机器人，大多数是攀援式，靠爪子攀住朝上或超前运动，这是一种有损检修装置，而且对很硬和很光滑的杆子常常无效。两届学生先后设计了抱箍式和轮式爬竿机器人，都是无损的。另有一个项目设计了会游的救生圈，学生看到抛救生圈救落水者准确性很低，于是应用自己的航模知识设计了会游动的救生圈，抛圈人可以遥控救生圈自行向落水者游去。尽管学生们的设计还很幼稚，但在同类产品中有设计新意，很可能为专家的进一步开发而采纳。更重要的是学生在这些设计中，拓展了学习方法，有意无意地应用了"批判性思维"原则，如果指导老师给予总结，并且给予推广，这对基础教育的革新、对创造性人才的成长是十分有益的。

说到为青少年科技创新大赛点赞，因为作为一项竞赛，她有效地促进了青少年的科技活动的开展。大赛至少有下面四大功能。首先时候表彰功能，大赛评出了一等奖、二等奖这是对获奖者的创造发明的肯定、对于他们积极思维、勇于探索的肯定，肯定成果必然会激励后来者奋发前行。大赛具有宣传功能，通过展示学生们的科学创新成果，给予他们奖励，实际上是在向社会表示，我们的孩子是有能力的，他们不但能够学好课堂知识，而且可以有所发现、有所发明，他们具有创造能力，我们社会要给他们机会。大赛有交流的功能，小发明家们聚集在一起，互相观摩、互

韩正之教授

相启发，这是一般教室不能提供的有效交流的舞台，经常可以看到小发明家在别人的展台前驻足，他们在找别人的不足，也在比自己的短处，这种场合实在是太有用了。最后是规范的作用。青少年的科技创新活动需要指引、需要规范，2016年2017年组织者连续修订的大赛的规范，使得青少年的科技创新有路可走、有方向可循。我特别欣赏新版规范中的评审中的"三自原则"，"自己选题、自己设计、自己制作"；和"三性方向"，"科学性、先进性、实用性"。这些规定对于进一步树立青少年的创新意识、学会科学研究方法和推进青少年科技创新活动有着重要的意义。

韩正之：上海交通大学教授。

有一颗小行星以我的名字命名
——参加第68届英特尔国际科学与工程大奖赛有感

文 / 魏洵婧

去年三月份，我凭借课题"羽状的烟"参加了第31届青少年科技创新大赛。该课题的来源是2015年青年物理学术竞赛（IYPT）中的一道题目，题目要求研究一缕烟背后的物理规律。当时，虽然我的课题已经取得一些进展，观察到了一缕烟中的一些有趣现象、提出了其成因的一种假说并根据此假说推导出了部分方程，但是离最终完成还有很大距离。因此，我的课题获得了二等奖，并未进入大赛终评。

参加完青少年科技创新大赛后，我在课余时间继续进行课题研究，终于推导出了全部方程，并对方程进行了数值求解，获得了满意的结果。我凭借改进的课题参加了第16届"明天小小科学家"奖励活动。

"明天小小科学家"奖励活动的评审分为三部分：研究项目问辩、笔试和综合素质考察。在研究项目问辩过程中，参赛者们站在各自的展板前，依次接受数位评委老师的提问。笔试部分主要考察参赛者们对高中数、理、化、生知识的掌握程度。

综合素质考察是我觉得最有趣的评审部分。在综合素质考察过程中，我与面试我的评委们天南海北聊着各种物理问题，从生活中一些有趣的物理现象聊到了暗物质的探测，聊到了数学、物理的美。通过与评委们的交流，我受益匪浅。

在"明天小小科学家"奖励活动中，我取得了不错的成绩，使得我有资格参加今年的中国科协青少年国际科技交流项目选拔赛，并最终获得了今年五月份举办的第68届英特尔国际科学与工程大奖赛的参赛资格。

很幸运能够有机会在高中生涯快要结束的时候参加英特尔大赛。没有太大的争取获奖的压力，更多是享受比赛的过程。

第一天晚上参加了交换徽章活动。音乐，美食，还有一张张热情的笑脸。带来的徽章和小礼品很快便被分完。第二天开幕式上，震耳欲聋的音乐，一阵阵此起彼伏的欢呼声，让原本内敛的我也禁不住与大家一起欢庆。我深深感到这些来自五湖四海的小伙伴们对科学研究的痴狂：他们为自己拥有一套杰出的科学构想而骄傲，为能够与他人交流自己的构想而疯狂。我想，正是人们对科技的这种"疯狂"推动了科技的进步吧。因而，我无比期待在大学继续进行课题研究。在未来的科学研究中，我希望我也能拥有这份"疯狂"。

布展的过程更是充满趣味。我不时在展厅内闲逛，在一些展位前流连忘返。我认识了很多非常热情的国内外小伙伴们。依然记得有一个小伙伴说我的课题很"cool"时，我的内心涌起了小小的激动与骄傲。

当然，最大的收获是研究项目问辩过程中与大牛科学家们讨论自己的课题。问辩过程与"明天小小科学家"的项目问辩过程类似。评委们大多和蔼可亲，总是以一种聊天的态度问我关于课题的问题。有时，我会对评委们讲我课题过程中舍弃掉的模型与遇到的各种困难。他们会频频点头，表示认同。此时，我就会为自己与这些看似离自己非常遥远的科学家们遇到相同的困惑而倍感亲切。每当评委们对我课题中发现的一些现象表示很感兴趣，并鼓励我继续探索下去时，我都十分高兴。

这是印在 United Technology 公司在我的展位上留下的名片上的一句话。虽然我并没有获得另外，还看到了一句特别有意思的话：

The most exciting phrase to hear in science, the one that heralds new discoveries, is not 'Eureka!' but 'That's funny...'.

--Isaac Asimov

（科学研究过程中最激动人心并且预示着新发现的话语，不是"我找到了！"，而是"这真有趣…"）

该公司颁发的专项奖，但是我觉得这句话很好地概括了我的课题。事实上，我的课题的核心即是解释实验观察的有趣现象。正是对这些现象的兴趣激励了我做这个课题。

最后，我的课题获得了大赛物理与天文学组的一等奖。麻省理工的林肯实验室将用我的名字命名一颗小行星。

课题能得到满意的结果与大家的认可，我感到很开心，但我知道，即使结果不尽如人意，我也从课题研究与参加比赛的过程中收获了很多。

爱读书、爱科学的魏洵婧

链接：

上海市青少年科技创新大赛简介

文／俞 陆

上海市青少年科技创新大赛（以下简称"大赛"）创办于1982年，是全国青少年科技创新大赛的地方赛事，是上海市中小学各类科技活动优秀成果的集中展示平台，现已成为面向全市中小学生开展规模最大、层次最高的青少年科技教育活动。大赛由上海市科学技术协会、上海市教育委员会、上海市科学技术委员会、上海市环境保护局、上海市绿化和市容管理局、上海市知识产权局、上海市体育局、共青团上海市委员会、中国福利会、上海市妇女联合会、中国科学院上海分院、上海科技馆、上海科普教育发展基金会、上海科技发展基金会、上海市科普基金会共十五家单位共同主办，每年举办一届，至今已举办了三十二届。

大赛主题为"创新、体验、成长"，根本宗旨在于推动青少年科技活动的蓬勃开展，培养青少年的创新精神和实践能力，提高青少年的科技素质，鼓励优秀人才的涌现。大赛注重对青少年科学探究和创新实践基本能力的引导，并为广大青少年和科技辅导员搭建了一个科技创新活动成果竞赛和展示交流的平台。大赛包括青少年科技创新成果竞赛、青少年科技创意竞赛、科技辅导员科教创新成果竞赛、少年儿童科学幻想绘画比赛、青少年科技实践活动和优秀组织奖评选六个板块。

英才摇篮

为什么必须节约利用淡水资源

文/卞毓麟

一种见解认为,早期的地球温度很高,表面布满岩浆,不存在液态水。岩浆冷却时,释放出多种挥发性物质,形成地球的原始大气,其中包含的水蒸气,后来形成了海洋。另有一种见解认为,地球上的水是外来的,由太阳系早期大量含水的彗星带到地球上。

地球上的水有 97.5% 是咸水,包括海水、咸水湖的水、高矿化的地下水等。它们含盐量太大,难以直接利用。地球总水量中只有 2.5% 是淡水,它们绝大部分以冰雪的形式储存在南北两极、高山冰川、永久性冻土层等处,此外还有深层地下水。凭现有的技术,只有约 0.3% 的地球淡水能为人所用,那就是河流、湖泊以及浅层地下水。可是,它们会不会被用完呢?

地球上的水,总量基本上是恒定的。地表和水面的蒸发,植物的蒸腾作用,会使液态水变为水蒸气;随着气流运动,遇到适当的条件,水蒸气又会凝结成雨雪落回地面。虽然有些淡水湖因水量减少变成了咸水湖,但总的说来,地球上的淡水总量大致还是恒定的。

话虽如此,但若只顾无节制地开发使用,那么可用淡水资源仍有可能被消耗殆尽。工业生产会排出有毒的废水,农业也会产生含化肥、农药的污水,还有生活污水等,大自然中大量干净的淡水被弄脏了。同时,世界人口的增长,也使淡水的需求量不断上升,不少地方水荒已经相当严重。为此,污水净化、海水淡化等水处理技术就变得相当重要,但更重要的是,我们每个人都必须养成节约用水的好习惯。

卞毓麟:天文学家、著名科普作家、上海市科普作家协会终身名誉理事长。

著名科普作家卞毓麟

极端天气为什么越来越多了

文／卞毓麟

天气和气候仅一字之差，意思却大不相同。天气指短时间内的大气状态及其变化，例如"上海今日 18～25℃，多云转阴"等。气候表征较长时间内天气的平均状况和变化特征，例如"北京 7 月平均气温为 26.7℃，月平均降水量为 160.1 毫米"等。天气和气候都有正常和异常之分。气候正常指气候的变化接近于多年的平均状况，气候异常则指气候变化显著偏离了平均状况。

一定地区在一定时间内出现的历史上罕见的气象事件，称为极端天气气候事件。世界气象组织规定，某个气象要素（如温度、降雨、日照等）达到 25 年一遇时才称为极端气候，包括极端高温、极端低温、极端干旱、极端降水等，它们发生的概率通常都很小。例如，2013 年 2 月 5 日北京的最高气温达 16.0℃，为 1840 年有气象资料以来历史同期最高纪录；同年 7 月初，美国多地连续数日最高气温超过 46℃，加州"死亡谷"地区气温竟高达 53.3℃！

气候异常是由气候系统的变化引起的。地球大气圈、水圈、岩石圈、生物圈等圈层始终在相互影响，大气圈则是其中变化最快的部分，是气候系统的中心。当某个地方的大气环流出现异常时，也会导致另一个地方出现异常。引起气候系统变化的原因，可分为自然的气候波动和人类活动的影响两大类。前者如太阳辐射的变化、火山爆发等；后者如燃烧化石燃料导致大气中温室气体浓度增加等。

2007 年联合国政府间气候变化专门委员会公布的评估报告表明，在过去 50 年中，随着全球气候变暖，极端天气事件，特别是强降雨、高温热浪等极端事件，呈现不断增多增强的趋势，预计今后此类事件的出现还将更加频繁。

链接：
《科普新说》系列电视节目简介

文／赵 莉

科技创新与科学普及永远是创新发展结实的左膀右臂。上海科普发展始终走在全国前列。"十二五"期间，上海市具备科学素质的公民比例达 18.71%，位居全国各省市之首。"十三五"期间，力争向 25% 的目标迈进。公民素质是城市发展与文化建设的重要基石，而提升公民科学素养切实有效之法即为科普知识的高效传播。

《科普新说》是贯彻《全民科学素质行动计划纲要》，为电视台设立科普栏目提供内容而打造的国内首档大型电视科普系列节目，主要有纪录片式、讲坛式和动画短片式等节目类型；节目力邀国内知名专家、学者、权威人士，精辟解读科普知识，内容涉及天文、地理、医学、养生保健、食品安全、人文礼仪等方面的知识，聚焦百姓关心的科学问题，集科学性、趣味性、系统性、实用性、收藏性于一体。自 2007 年开播以来，已拍摄完成 42 个系列、754 集节目，时长 8125 分钟的节目总量，并均已作为电子出版物正式出版。《科普新说》已成为丰富群众精神生活、提高公众科学素质的优秀科普资源。一方面能满足群众对科普知识的求知欲，另一方面能以科学的生活方式为指导，与实际生活相对接。要在全社会营造一种讲科学、爱科学、学科学、用科学的良好氛围，将科普种子撒遍大地、植入人心，进一步助推公民科学素养的提高。

夏季果蔬农药残留的防范和去除

文 / 马志英

一般说来，夏季是果蔬菜中农药残留量较多的季节，这是因为气温高，果蔬虫害增多，农民要用农药来杀虫。如果不规范施药，就有可能出现农药残留超过标准，对消费者健康带来隐患。减少果蔬农药的残留，主要靠种植生产的源头控制，同时在目前的情况下，消费者也可以采用一些简易可行的方法，尽量减少果蔬中的农药，我们归纳为"选""测""储""除""洗""烫"6字攻略。

选

一般来说，像鸡毛菜、小白菜、青菜、卷心菜等叶面大而多的蔬菜，在夏季容易有菜青虫、小菜蛾、蚜虫等虫害，农药也使用较多，造成残留较高，我们可选择虫害较少、相对安全的蔬菜品种。有些蔬菜品种具有抗虫性，会散发昆虫不喜欢的气味，比如香菜、洋葱、大蒜、大葱等。有些长在土里的蔬菜虫害也少些，如土豆、萝卜、山药、芋艿等。有些像南瓜、冬瓜的瓜类菜有层防虫护甲，农药施得也少。
夏季水果主要有西瓜、桃子、葡萄、香蕉等，与叶菜等蔬菜比较，杀虫剂类的农药残留少些，而且大部分是要去除外皮吃的，因此可以选择这些水果吃，既有利营养的均衡摄入，同时避免单一农药的摄入。

测

农药残留量超过国家标准最高限量的值也就是每公斤几毫克或微克的量，所以都是要靠精密的仪器才能分析出，单凭眼看鼻闻手摸是无法测出的，所谓"菜叶有虫眼的农药少"的说法不靠谱。

对有机磷类等高毒农药，现在有一种农药残留速测卡，网上也可以买到，它可快速测出蔬菜中有机磷和氨基甲酸酯这两类用量较大、毒性较高的杀虫剂的残留情况。这种快速检测法虽然不精确，但用于初步判断还有一定作用。如你对要选的蔬菜不放心，尤其是叶菜类蔬菜，可以用它测试，只要10分钟左右就可以看出结果。

储

不同农药的半衰期有长有短，随着时间延长大部分农药能够缓慢分解，毒性随之降低。所以，较耐储藏的水果，如苹果、生梨、橙子等，以及毛豆、豇豆、西红柿、大白菜等蔬菜，都可储存一段时间，会不同程度地减少农药的残留量。

除

果蔬表面的农药残留相对较多。能去皮的果蔬，如苹果、生梨、黄瓜、番茄等，最好去皮后再食用。尤其像柑橘类的皮也尽量不要用来泡茶。尤其是肉眼可见异色斑点的药残痕迹的蔬菜一定要扔掉。

洗

果蔬应先洗后切，食用之前应在自来水下搓洗至少 30 秒以上。西瓜、香蕉等去皮食用的水果，也建议先用水清洗干净，以免污染手部。蔬菜在烹调前一定要清洗干净。先用水冲洗掉表面污物，然后用清水浸泡，可以去除部分农药残留。

建议用以下方法：

第一步，挑拣蔬菜后，用自来水冲洗干净，去除表面污染。

第二步，用水浸没蔬菜浸泡 15～20 分钟。浸泡时间并不是越长越好，浸泡 15 分钟与浸泡 60 分钟，对农药残留的去除效果相差不多。而且，浸泡时间太长反而会产生不利因素。浸泡时可加入少量安全的果蔬清洁剂以去除农药残留。近年来监测农药残留超标率最高的是有机磷和氨基甲酸酯类农药，而这两类农药在碱性条件下易降解，所以可在浸泡水中加石碱（碳酸钠）加速这些农药的降解，一般 1 公斤水加 10 克左右碳酸钠，小苏打也可以，将蔬菜在碱水中浸泡 5 到 15 分钟。最后一步，浸泡时用过果蔬清洁剂或石碱的，浸泡后一定要用清水冲洗多遍，把清洗剂和碱水的残留冲洗干净，烹调前再用净水冲洗一遍。

烫

氨基甲酸酯等类农药受热后分解加快，所以可通过加热去除部分农药。常用于鸡毛菜、芹菜、菠菜、小白菜、菜花、豆角等。可以在清洗、浸泡的基础上，用开水漂烫 2-5 分钟捞出，能去除较多农药残留，还能除去硝酸盐等有害物质。

马志英：上海食品协会专家委员会主任，上海市第十一届大众科学奖获奖者。

链接：

上海市大众科学奖简介

文／俞 陆

由上海市科学技术协会主办的"上海市大众科学奖"，是上海首个市级科普奖项。奖项的设立旨在表彰和奖励在科学技术普及事业中做出突出贡献的人士，调动和激发公众参与科学普及事业的积极性，促进本市科学技术普及事业发展。首届"上海市大众科学奖"评选活动于 1995 年举办，之后每两年评选一次；截至 2015 年第十一届，包括郑时龄院士等在内共有 21 人获得"大众科学奖"，67 人获得"大众科学奖提名奖"。第十二届"上海市大众科学奖"评选活动已正式启动，设正奖 1 名，提名奖 2 名。凡为本市科普创作、科普传播或科普事业发展做出突出贡献，并产生良好社会效益或经济效益的各界人士，均可被推荐。

科普新说

站在医学科技的前沿高地
—— 上海市医学会会长徐建光谈上海医学科技奖评选工作

文/王阳

一批科研项目由上海医学科技奖迈向更高层次的红榜,获得上海市科技进步奖、中华医学科技奖、国家科技进步奖;一批医学人才由上海医学科技奖迈上更高的阶梯,成为国家认可的专家院士;一批科研成果由上海医学科技奖评选而获得更广泛的推广应用,造福社会大众……

站在医学科技的前沿高地

上海市医学会是继中华医学会设立中华医学科技奖后,最早设立相关奖项的地方医学会之一,走在全国前列。学会会长徐建光认为,学会于2002年底在中国医药集团(现国药控股股份有限公司)资助下设立上海医学科技奖,至今15年来取得的成绩与坚持贯彻市委市政府"科教兴市"和"创新驱动、转型发展"战略,表彰奖励在医学领域科技进步中作出贡献的优秀个人和集体,促进上海医学科技事业发展的宗旨密不可分。

15年来,有1933项科研成果申报上海医学科技奖,涵盖医学各个专业领域,学会对上述申报项目中 838 项优秀科研成果进行了奖励,涉及各类各级医学科技人员5119人次,其中现任中国科学院、中国工程院院士作为第一完成人的项目17项次。学会每年组织召开隆重的颁奖大会,表彰奖励获奖的优秀个人和集体。

为保证奖励的公平、公正、公开和科学性,学会聘请有关专家、管理部门领导及全体常务理事组成"上海医学科技奖"奖励委员会,15 年来共聘请 1800 余位专家参加评审工作。其中还邀请部分医学界两院院士及市卫生计生委领导、各医学院校领导和著名专家教授参加一等奖候选项目的现场答辩会,增添了一等奖获奖项目的学术权威性。

评选工作紧扣卫生事业和社会发展需要,积极促进医学科学技术的繁荣与发展,促进医学科学技术的普及与推广,促进医学科学技术人才和管理人才的成长与提高。2003 年,非典型性肺炎(SARS)肆虐中华大地,上海市医学会充分结合社会需要,募集资金在相关管理部门的支持下,及时设立了上海医学科技奖非典型性肺炎医学研究专题奖,对特殊时期为非典型性肺炎医学研究作出特殊贡献的医学科技工作者进行鼓励并表彰奖励。为促进医学科技成果和临床适宜技术的推广应用,为鼓励、引导广大医务工作者积极开展社区卫生方面的工作,从 2009 年度开始,上海医学

徐建光会长

科技奖增设了"上海医学科技奖成果推广奖"和"上海医学科技奖社区卫生奖"两个奖项。

推动学科发展、促进人才培养及梯队建设

上海医学科技奖的部分研究成果在本市甚至全国得到了广泛的推广和应用,有的研究成果已经在世界范围得到推广。相关项目的负责人、学科及其研究团队成员在研究及后续推广活动中不断成长,有的学科已逐步发展成为上海市乃至教育部卫生部以及国家重点学科或重点实验室,一批项目负责人先后成为上海市或全国相关学科的带头人,并在上海市医学会以及中华医学会各专科分会中担任重要职务;许多项目负责人承担了国家"863""973"项目的首席科学家工作;有的研究人员还当选为中国科学院或中国工程院院士。

在这些项目的研究和推广过程中,相当一部分硕士研究生和博士研究生得到了锻炼和培育,为他们今后的研究和发展打下了坚实的基础。尤其是近年来课题组负责人也越来越呈现年轻化的趋势,一大批年轻的,朝气蓬勃的医学科技工作者不断脱颖而出。

许多获奖项目在对疾病的预防、治疗及发病机理和流行病学等方面作出贡献。获奖项目总体呈现专业覆盖面广、专业质量好、普遍水平高等特点,在一定程度上反映出上海医学科技发展的趋势和进展。一些获奖成果在重大疾病的诊断、治疗及预防新技术的研究方面取得显著成效;另一些则是在重大科学技术项目研究进程中取得的重大进展或学术意义的阶段性成果。

有的项目采用多中心研究的科研设计思想方法,通过多家医院合作开展临床诊疗方案的研究,

上海医学科技奖颁奖大会

从而在相对较短的时间内积累了丰富的临床资料，较快取得有效指导临床诊治的研究成果。有的项目以探索和解决临床和预防中常见的难题和实际应用为研究出发点，采用先进设计思路与高新技术手段，进行扎实的基础实验与临床研究，做到了实验室研究与临床研究更有机的整合。还有一部分原创性高、具有自主知识产权的优秀项目成果成功转化，取得良好的社会效益和经济效益。

15年来，获上海市医学科技奖的项目中有292个项目后续获得上海市科技进步奖，162个项目获得中华医学科技奖，31个项目获得国家科技进步奖，这从一个侧面反映出上海医学科技水平在全国的优势地位，充分说明上海医学科技奖不仅得到本市医疗行业高度认可，也经得起全国医疗行业的检验。

上海市科协外景图

地　址：上海市静安区北京西路1623号
邮　编：200040
电　话：021-62184893
邮　箱：smahx@vip.sohu.com

链接：
上海市医学会简介
文／朝晖

上海市医学会成立于1917年4月2日，迄今已有百年历史，是中华医学会的发源地，曾荣获上海市民政局颁发的"上海市5A级社会组织"、市科协"五星级学会"和"先进集体标兵"、中华医学会"先进地方医学会"等称号。

学会现任会长为徐建光教授。现有理事234位，常务理事65位。设工作委员会4个，专科分会92个。团体会员288家，个人会员22000余名。常务副会长兼秘书长为颜世洁，日常办事机构设7个部门，专职47人。

学会凝聚全市最优秀的医学科技工作者，紧紧围绕医疗卫生中心工作和任务，坚持"规范、服务、创新、发展"理念，不断夯实组织建设和办事机构建设两块基石，始终致力于为科技工作者服务、为创新驱动发展服务、为提高全民科学素质服务、为党和政府科学决策服务。大力开展学术交流、科普宣传、人才培养工作；举办"东方"品牌系列会议、"健康方向盘"系列科普活动、"架起彩虹桥"系列医教帮扶活动、上海市青年医学科普能力大赛和上海医学科技奖评选活动；出版"双效""双爱"精品期刊。积极主动、有序规范地承接政府部门委托的多项职能，包括医学鉴定、医疗服务标准化、技术评估、设备论证及能力考评、临床重点专科建设、物价项目审核、星光计划等。发挥科技智库和科技创新生力军的优势，认真做好科技咨询、建言献策工作，为推动上海医药卫生事业繁荣和人民健康水平提高不断作出积极贡献。

上海要保持化学化工科技的独特优势
——上海市化学化工学会理事长王霞谈"庄长恭吴蕴初化学化工科技进步奖"

文/王 阳

说起中国化学化工界重要奖励项目，素有"北有侯德榜化工科学技术奖（中国化工学会主办），南有庄长恭吴蕴初化学化工科技进步奖"一说。为何上海市化学化工学会主办的"庄长恭吴蕴初化学化工科技进步奖"有如此大的影响力和地位？听了市化学化工学会理事长王霞对这一奖励活动的介绍，化学化工领域外的人也会为上海化学化工一直以来所具有的优势感到自豪。

王霞说，谈这个奖项必须从学会设立奖励基金说起。1993年10月8日，为了促进化学化工科学技术的发展，促进化学化工人才的成长和提高，在当时上海市化学工业局和20余家企业的积极支持下，上海市化学化工学会集资100万元建立"促进化学化工发展和培育人才奖励基金"，并在科学会堂召开"促进化学化工发展和培育人才奖励基金成立大会"。奖励基金用于奖励为发展上海化学化工事业作出突出贡献的科技工作者和在国际化学奥林匹克竞赛中金牌获得者。

"庄长恭吴蕴初化学化工科技进步奖"是学会三大品牌活动之一，创立于1995年，是上海市科学技术奖励管理办公室备案的社会力量设立的奖项。为了使评审工作科学化、制度化、常态化，学会不断修改完善《庄长恭吴蕴初化学化工科技进步奖奖励办法》，该奖项每2年评奖一次，设庄长恭奖、吴蕴初奖和提名奖。

这个奖项主要奖励在科学理论或科学实验中，在某一专业学科领域有新发现、有创新思想和成果、观点明确、数据完整，对促进化学化工事业发展有重大意义者；奖励在科技成果转化应用中有突出成绩，技术上有直接创造、发明或重大革新，解决某一方面的技术难点，具有推广意义并收到实效，对推动化学化工技术进步有杰出贡献者。

学会在每次评审工作中都聘请院士和资深专家担任评审委员，对申报人的科学实验的成果，科技成果转化为生产力的实际成效，以及推动化学化工技术进步的杰出贡献等方面进行充分讨论，采取无记名投票的方法评出获奖者，获奖人名单须在学会网站公示，10天无异议后由学会理事会会议审议批准。由于评审专家的严格把关，宁缺勿滥，使奖励活动在上海化学化工领域得到广泛认可，学会的社会形象和社会影响力不断提高。

该奖项从1995年开始共进行了12次评审，获得"庄长恭吴蕴初化学化工科技进步奖"的共有48人，其中获"庄长恭奖"的22人，"吴蕴初奖"的26人。不少获奖者如今已成为学科带头人或企业领军人物，有的被评为"上海市科技精英"和"上海青年科技英才"，有的获奖者还荣获上海市自然科学奖一等奖、上海市科学技术进步奖一等奖，有的还当选中科院或工程院院士，为上海的战略发展贡献聪明才智。

22年来，在历届理事会的领导下，学会评奖活动为上海从事化学化工科技工作者的科研成果提供了展示平台；为上海化工企业实施绿色、低碳、环保运行提供技术支撑。同时，对促进化学化工科学技术发展、促进化学化工人才成长，起到积极的推进和示范作用；对上海市化学化工事业实现新一轮发展和人才高地建设起到引领作用；对上海建设具有全球影响力的科创中心起到促进作用。

2011年以来，学会开展科学道德和学风建设活动，邀请院士、专家对科技工作者和在读的研究生、博士生等就法律、道德、诚信方面开展宣讲。评奖中重视科学道德和学风建设，促进上海的化学化工科技工作者在科学研究方面敬畏法律，崇尚道德，遵循诚信。

链接：
上海市化学化工学会简介
文/朝晖

1922年北京大学教授陈世璋（聘丞）和俞同奎（星枢）邀集有志化学的同道共同商讨成立中华化学工业会。1923年，一批有识之士聚会上海，成立了上海市化学化工学会前身——中华化学工业会上海分部，从此上海的化学化工科技工作者有了自己的学术组织。1937年，爱国实业家吴蕴初先生向学会捐赠了上海环龙路315号房产（今南昌路203号），作为学会活动场所。1959年，中国化学会上海分会和中国化工学会上海分会合并，定名为上海市化学化工学会。学会团结和组织广大化学化工科技工作者，为振兴上海化工事业作出了巨大的贡献。

1978年迎来"科学的春天"，学会活动蓬勃开展，学术研究空前繁荣，学会进入欣欣向荣的发展时期。进入新世纪后，学会坚持拓展学术交流，促进化学学科和化工工业繁荣；坚持拓展学会功能，为学会可持续发展奠定基础；坚持科学普及，努力促进全民科学素质的提高；坚持科技人才培养，强化化学化工人才高地建设，不断提升学会的凝聚力和社会影响力。

目前学会有三大品牌活动。一是学会"促进化学化工发展和培育人才奖励基金"下设"庄长恭、吴蕴初化学化工科学技术进步奖"，是以促进化学化工科学技术的发展，促进化学化工人才的成长和提高，为发展化学化工事业为宗旨，1995年起颁奖。二是学会于1989年创办的上海市中学生业余化学学校，该校近30年来为上海培养了一大批化学化工人才。历年来，学会推荐的中学生在中国奥林匹克化学竞赛中获金奖者有543名，在国际奥林匹克化学竞赛中摘获6块金牌。三是学会主办的《化学世界》学术期刊，该刊创刊于1946年。在大批专家协助下，曾荣获1990-1991年上海市优秀期刊奖。

目前，学会有19个专业委员会、6000多名会员，其中有28位院士。在全体会员参与下，学会2012年荣获上海市民政局"上海市先进社会组织"称号，2014年和2016年连续荣获市科协"五星级学会"称号。

上海市化学化工学会第十次会员代表大会

人物简介：

庄长恭（1894—1962）著名化学家，中科院化学部委员。中国有机化学研究的先驱者，有机微量分析的奠基人。对有机合成特别是有关甾体化合物的合成与天然有机化合物结构的研究贡献突出，在国内外化学界享有盛誉。

吴蕴初（1891—1953）中国近代化工专家，著名化工实业家，中国氯碱工业的创始人。在中国创办了第一家味精厂、氯碱厂、耐酸陶器厂和生产合成氨与硝酸的工厂。大力支持学会活动，重视对化工的科学研究和人才的培植，为中国化学工业的兴起和发展作出了卓越的贡献。

科协工作的创新成果——上海科技发展基金会

文/王阳　江世亮

基金会的成立背景及运作机制

进入上世纪 80 年代，随着科技是第一生产力和尊重知识、尊重人才等思想的深入人心，全社会对支持科技发展、鼓励各类科技人才脱颖而出形成了共识；广大科技工作者对参加学术活动，接受专业培训的需求大量增加；各专业性学会汇聚了大学、科研院所、企业等各方面的科技人才，开展学习、交流、合作；科学普及开始成为全体市民积极参与的社会行动。这些活动，除了政府部门推动和资金支持外，还迫切需要社会各界的参与和帮助。1987 年 4 月，根据上海市科协第三届委员会的意见，市科协着手筹建"上海市科协奖励基金会"。次年 9 月，经上海市人民政府同意，中国人民银行上海市分行批准，上海市社会团体管理局核准登记的非营利性的科技发展基金管理组织——上海科技发展基金会由上海市科学技术协会创办成立。

至今，上海科技发展基金会已走过 30 年的历程。三十而立，基金会在坚持服务科技创新、服务科技社团、服务科技人才方面，尤其在发现人才、奖掖人才方面发挥了不可替代的作用，所资助的"上海市科技精英奖""上海青年科技英才奖""上海市大众科学奖"等均已成为上海科技奖励的品牌项目，其影响遍及海内外；实施"优秀青年论文奖"等举措，对青少年科技人才的厚植培养所起到的推动作用更被有识之士称之为"甘露之举"。

三十年风雨之路不寻常。记者就此走访了相关当事人，请他们就上海科技发展基金会成立的由来、所发挥的作用发表看法。市科协原党组书记、第七、八届市科协副主席、上海科技发展基金会原副理事长孙正心认为，改革开放以来，上海市科协不断创新，不但全面恢复自然科学和工程技术的各专业学会，而且成立了一些新专业协会，广泛开展学术交流和培训活动，如支持"星期日工程师"为企业开展技术服务、成立宝钢顾问委员会等，实施了一系列创新的举措。八十年代末，又成立了上海科技发展基金会，这是全国第一家由省市科协成立的基金会，体现了时任科协党组和常委会各位领导的战略眼光、大格局意识和前瞻性的思维。为此，市科协拿出了当时几乎所有的自有资金，并得到了部分学会和社会人士的捐赠。

为了更好地体现党组织的领导、体现科学家的指导作用、履行服务上海科技发展的宗旨，基金会从一开始就安排了合理的组织构架。由著名科学家、工程师、相关单位、金融机构及捐赠者代表组成理事会，由在任的科协主席担任基金会理事长，由科协的驻会领导担任常务副理事长，并配备了工作经验丰富的办公室工作人员。为了

历史长廊

上海科技发展基金会原副理事长孙正心

保证基金会资金的安全运行，按照章程要求，制订了严格的资金管理办法，把握好资金的合理使用，并采取合法的措施确保资金的保值增值。30年来，基金会的资金一直处于良好的运行状态，获得了较大的增长，保证了基金会的可持续发展。

孙正心强调，不同于政府的其他项目经费的使用，上海科技发展基金会强调以人为本，更聚焦学科发展、学术交流、科技人才成长等。以促进科学技术的创新和发展，促进科学技术的普及和推广，促进科学技术人才的成长和提高，促进科学技术与经济的结合，为提高公众的科学文化素质作贡献。基金会持之以恒资助了"上海市科技精英奖"、"上海青年科技英才奖"、"上海市大众科学奖"，表彰、奖励了在科技活动中有突出成就的科技工作者；支持开展国内外学术活动；资助、培养中青年科技人员；支持开展青少年科技活动；支持学会的创新计划和重要的科普活动；资助开展决策咨询和软课题研究；产生了广泛的社会影响。实践证明，基金会的总体运营情况是好的，为上海科技发展起到了独特作用。

"科技精英"奖项的来龙去脉及其社会影响

说起上海科技发展基金会，"上海市科技精英"的创立当为其标志性成绩。为此，我们到上海交大浩然科技大厦拜访上海市科技精英评选活动的主事者、第四届市科协主席、上海科技发展基金会第一届理事长翁史烈院士，请他谈谈当时基金会创立"科技精英"评选的来龙去脉。

年逾八旬的翁史烈院士精神矍铄，说起这段历史，作为亲历者的他（时任市科协主席）充满感情。他说，对设立某种奖项以举荐拔尖人才，科技界早就有动议。首届上海市科技精英的评选是1989年9月正式启动的，但是在此之前差不多一年市科协就专门研究了这件事，并确定了这个奖项就叫"上海市科技精英奖"。市科协就这件事专门上报市委并获得同意。此后不久发生了一场政治风波，给正在进行中的上海市科技精英的评选带来了某种困惑，主要就是"精英"一词那时很敏感，我们的科技人才奖项还能不能冠之以"精英"？翁院士说，那时不少人有顾虑，甚至相关的评审会都回避参加。

但是科协当时思想很解放，我们这个评选活动是希望出一批在科技领域出类拔萃的人，而且是希望通过树立典型，给青年人以榜样，所以明确"精英"一词不改。"我们科协领导层在议论时就觉得年轻人要朝正确方向上引导，他们基础很好，不引导会有问题。希望能培养一批科学家、工程师。当时对工程师不太重视，评上高级工程师也不开心。这种社会情况确实需要引导，通过榜样力量鼓励更多青年科技工作者在科技上做出新成绩"。

首届入选人的评审结果在市科协常委会上汇报后获得通过，市科协确定按期举行科技精英颁奖活动。在报经市委同意后，首届上海市科技精英颁奖典礼举行。"由于当时的一些原因，在宣传上是比较低调的。"这种情况在第二届得到了"矫

能源专家、中国工程院院士翁史烈

制作等；助力学会工作，繁荣学术研讨，资助开展了学会创新计划、学会软课题、重点学会学术活动等。

经过常年的持续的项目支撑，基金会为本市科技发展乃至城市竞争力提升作出了贡献。

翁史烈：热力涡轮机专家，中国工程院院士，上海市科学技术协会第四届委员会主席，上海科技发展基金会第一届理事长。

孙正心：上海市科学技术协会原党组书记，市科协第七届、第八届委员会副主席，上海科技发展基金会原副理事长。

枉过正"式的反弹。据第二届（1991年）上海市科技精英入选者、上海技物所薛永祺院士回忆，那时社会上对"精英"一词已经不忌讳了，或许首届精英评选没有产生应有的社会影响，所以对第二届入选者的宣传是大张旗鼓的，"电视台、报刊上都进行了充分报道，我记得自己带着奖章证书上了电视"。

"事实上越朝后越能证明上海市科协、上海科技发展基金会当年坚持做这件事是正确的。"翁院士说，"我们科技精英评选获奖者后来当选院士的比例很高，进入科技领导岗位的也有一批。如首届科技精英获得者惠永正就是我给他颁发证书的，后来惠永正当了科技部副部长"。据了解，在科技精英和提名奖获得者中，有58人相继当选中国科学院或中国工程院院士。

除了关注拔尖人才外，基金会还非常注重对年轻一代科技工作者的培养和奖掖，先后资助开展了"飞翔计划"（上海市科协资助青年科技人才参加国际性学术会议飞翔计划）、"晨光计划"（上海市科协资助青年学者出版科技著作晨光计划），以及中高级专业技术人才培养工程；在重大科学普及活动方面，资助了上海国际科学与艺术展、科技下乡、"科普智慧墙""科普新说"电视节目

历史长廊

上海科学会堂的前世今生（上）

文／俞陶然

上海市南昌路上，有一幢有着百年历史的老建筑，它就是上海科学会堂主楼一号楼。

今天，当我们走进这幢老建筑，仍然可以感受到它鲜明的法式建筑风格。整体建筑看上去均衡、对称，又不失优雅含蓄的美感。穿过古典的弧形门庭，沿着本色楠木扶梯拾级而上，彩色玻璃镶嵌的弧形花窗泛出美丽而神秘的光晕，不免让人对悠远的岁月浮想联翩……

法国学堂变身科学会堂

新中国成立前，南昌路一带被划入法租界。这幢混凝土木框架结构的法国古典式两层花园楼房建于1917年。1921年，法国人把这里改建成法国总会。1926年，经过又一次改建，法国总会变成了法国学堂。

新中国成立后，百废待兴，科技工作者受到党和国家领导人的高度重视。1956年冬，在上海科技界知识分子座谈会上，一位科学家代表提出，上海应当有一个科技活动场所。这个建议立即得到了出席会议的周恩来总理的赞同。很快，上海市委决定把南昌路47号的这幢老建筑改建成科技人员活动场所，上海市长陈毅亲笔题写了"科学会堂"四个大字。

1957年10月，上海市工会联合会拨付经费，在法国学堂的基础上动工修建科学会堂。经过一段时间的改建，两个礼堂、20余间会议室建成，昔日的法国学堂旧貌换新颜。1958年1月18日，科学会堂正式成立。《解放日报》《文汇报》头版都报道了这一喜讯。

从此，上海科技工作者有了属于自己的家园。

改革开放后焕发新光彩

30年后，随着"科技是第一生产力"的号角在神州大地吹响，上海科学会堂焕发了新的光彩。1989年，经过一年多的修整改造，科学会堂一号楼二层西侧的原大礼堂，改建成为多功能科荟厅。东侧的几个厅则用中国历代科学家命名，有光启厅、道婆厅、时珍厅、张衡厅等，每个厅都安放着这些科技名人的雕像或象征物。

在科学会堂一号楼前，有一块占地约6000平

上海科学会堂内景图

方米的庭院。在这片浓荫蔽日的绿世界里，百年树龄的黄杨、鸡爪槭、香樟树，以及约 50 年树龄的青枫、雪松、广玉兰等和谐共处，犹如一块镶嵌在科学会堂的绿宝石，让身处其中的人们心旷神怡。

2004 年 10 月 25 日，科学会堂南昌路 47 号门口，挂上了上海市第一块"优秀历史建筑"铭牌。这不仅让全上海的科技工作者引以为豪，也预示着科学会堂未来更加精彩的篇章。

思南楼与老楼的"历史对话"

随着科技交流活动越来越多，科学会堂原有场地已不能满足时代需要。在上海市委、市政府的大力支持下，1998 年 11 月 23 日，科学会堂思南楼正式奠基。

座落在南昌路、思南路口的思南楼，距科学会堂主楼 150 米左右，交通便捷、闹中取静。这座建筑由中国工程院院士江欢成领衔设计，外形十分别致，远远看去犹如远航的风帆，给人以丰富的联想。

经过 3 年建设，科学会堂思南楼拔地而起。它的大堂宽敞明亮，沿大堂的楼梯可以直达 2 层贵宾休息室、商务中心；位于 3—4 层的学术报告厅可容纳 308 人，配备了优质的音响设施、高清晰度的大屏幕投影仪、4 种语言的同声传译系统，是举办各类科技学术报告、高水准论坛的理想场所；设在 5 层的餐厅，附设有 6 间包房，能接待 300 多人同时进餐；7—10 层为无柱中庭，中央螺旋楼梯把展览中心和会议中心串联起来，浑然一体，垂挂的中央吊灯和装饰物使整个空间充满生气。9—10 层设有大小不同的多个会议室，10 层北面的圆桌会议室有 48 个席位，其布局庄重典雅，并配有先进的会议发言表决系统、同声传译系统，是学术交流的理想场所。11—13 层是为会议配套的客房，周围的建筑以及延中绿地、复兴公园给宾客带来了视觉享受。

站在 16 层屋顶花园，凭栏远眺，复兴公园的鸟语花香、不远处车水马龙的南北高架尽收眼底；东面的科学会堂老楼静卧脚下，与思南楼高低相望，一老一新两幢建筑仿佛在进行历史的对话。

历史长廊

美国民间基金会与科技创新

文/陈晖

他山之石

美国现代意义上的民间基金会在20世纪初得到较快的发展，与美国政府、大学和产业界一道成为支持科技创新的主导力量，尤其是在"二战"前，民间基金会在资助和新建研究机构以及资助个人研究项目方面，甚至处于领先地位。"二战"之后，随着联邦政府对科学研究和技术创新重视度提高，及政府职能转变，国家科学研究的资助体系发生了改变，政府与产业界的研发投入占绝对多数，民间基金对科技创新研发投入则微不足道。但是，美国民间基金会在美国国家科技体制中依然扮演独特的角色，对国家科技创新发挥着积极的作用。

目前，美国民间基金会数量庞大。据基金会中心（Foundation Center）的数据，截至2014年底，美国民间基金会有86726家（其中，独立基金会79729家、运作型基金会3687家、公司型基金会2521家、社区基金会789家），总资产8652.5亿美元；2014年接受捐赠和遗赠总额为567.0亿美元，当年发放的资助总额为602.4亿美元，资助领域涉及慈善事业、教育、环境、基础科学等。

在促进科技创新方面，美国民间基金会有其行之有效的方式，并形成了一些鲜明特色：

以宽容的态度推动前沿科学研究

民间基金会在其发展理念上不同于确保实现国家战略目标的政府，也不同于追求利润最大化的企业，它们对那些不一定会有积极结果的研究项目有很大的宽容度。因此，民间基金会更容易启动资助那些具有跨学科、开拓性、高风险特征的前沿科学研究项目。如W.M.Kech基金会在其宗旨中即申明，资助的项目要"针对科学、工程学和医学研究的前沿领域或正在形成的新兴领域，或者在这些领域中可能会导致具有突破性发展的技术"。正因为民间基金的这种宽容态度，有人将其支持科学研究的经费形象地称为"种子钱（seed money）"。当美国科学家有了探索性极强且暂时看不到其明确前景的课题时，他们一般首先会想到去某个民间基金会而不是向政府部门申请经费。

以资助项目的形式促进科技创新

以项目的形式支持创新人才和研究伙伴从事创新活动是民间基金会的通行做法。这种方式不仅可以给予研究人才的创新活动以物质保障，还可以将不同学科的研究人才聚合起来，达到激荡思想、相互启迪的功效，并实现协同创新。研究人员通过一定的项目申请程序，一旦获得项目资助，研究项目得以启动，基金会则通常不干预具体的研究活动，这有利于研究人员自主探索，自由开展创新活动，从而提高创新成功的机会。

通过共同设立研究所推动研发合作

早期的那些大型民间基金会通过自行建立研究所的形式来完成自己在一些新兴领域的研究，如美国的凯特林基金会（Kettering Foundation）设立光合作用实验室、磁场实验室和植物研究所；卡内基国际和平基金会（Carnegie Endowment for International Peace）曾设立经济研究所；洛克菲勒基金会（The Rockefeller Foundation）

曾设立政治研究所；皮尤慈善信托基金会（Pew Charitable Trusts）创办皮尤研究中心。现在，更多的基金会以出资设立研究机构的形式来促进某些领域的创新研究。如美国卡弗里基金会（Kavli Foundation）自2000年成立以来，一直致力于同国际知名院校、研究机构合作设立卡弗里研究所，聚焦于天体物理和理论物理、纳米科学、神经科学等三个基础领域的研究。合作建立的卡弗里研究所其运作模式一般是，由基金会向研究所提供启动资金和种子资金，其中种子资金由卡弗里研究所委托其他机构运营，所产生的收益用于支持研究所的日常运作。目前，卡弗里基金会已经在包括北京大学和中国科学院在内的、遍及全球的数十家知名院校设立了卡弗里研究所，取得了较好的成效。

投资未来，致力于培养创新人才

科技研发的关键在于人才，不仅需要那些已经功成名就、有影响力的领军人才，也需要不断成长的后备创新人才，这直接关乎一个社会的可持续创新能力建设。然而，投资于人才建设，对于科技创新也许不会起到立竿见影的效果，但它是投资未来的举措。美国的诸多私立大学，其稳定的资金来源即是民间基金会。另外，民间基金会对于培养创新人才具有直接意义的是奖学金、助学金、培训计划、设立教席等。各类基金会设立了名目繁多的奖学金、助学金，向优秀学生提供资助，帮助他们在名牌大学完成学业，使之成为创新精英人才。有的基金会还专门制定了针对青年学者的培训计划，包括资助出国讲学、参加国际会议等，以提升专业素质、开阔理论视野。有的基金会在大学设立教席，对于学科带头人、杰出教授给予长期经济支持，改善他们的研究条件，这对于培养顶尖创新人才发挥了重要作用。

协作互补，调动各创新主体的积极性

民间基金会的产生初始宗旨是改善那些社会边缘人群的福利状况，但随着政府成为美国社会民众基本福利的保障者，民间基金会的活动领域也发生了变化，逐渐与政府形成协作互补关系，有效地调动了各创新主体的积极性。政府资助科学研究的经费来源于税收，经费来源虽稳定，但出资的纳税人无法直接监管和控制所资助的研究计划；而众多民间基金会可根据各自的宗旨和特长，自行决定资助方向，选择资助对象，对资助活动有更大的控制能力，能更敏锐地感知新生事物和科研契机并及时作出反应。如 W. M. Kech 基金会，自1997年起在医学研究领域启动"杰出青年学者"计划，邀请的评审专家多数来自政府的资助机构，对政府的资助活动起到补充和促进作用；美国杜克基金会则自2011年以来，决定在10年内出资5000万美元，奖励有创意的表演艺术家，支持和鼓励艺术创新，体现了民间基金会激发全社会创新活力的良好意愿。

陈晖：上海图书馆（上海科学技术情报研究所）信息咨询与研究中心副主任、研究员。

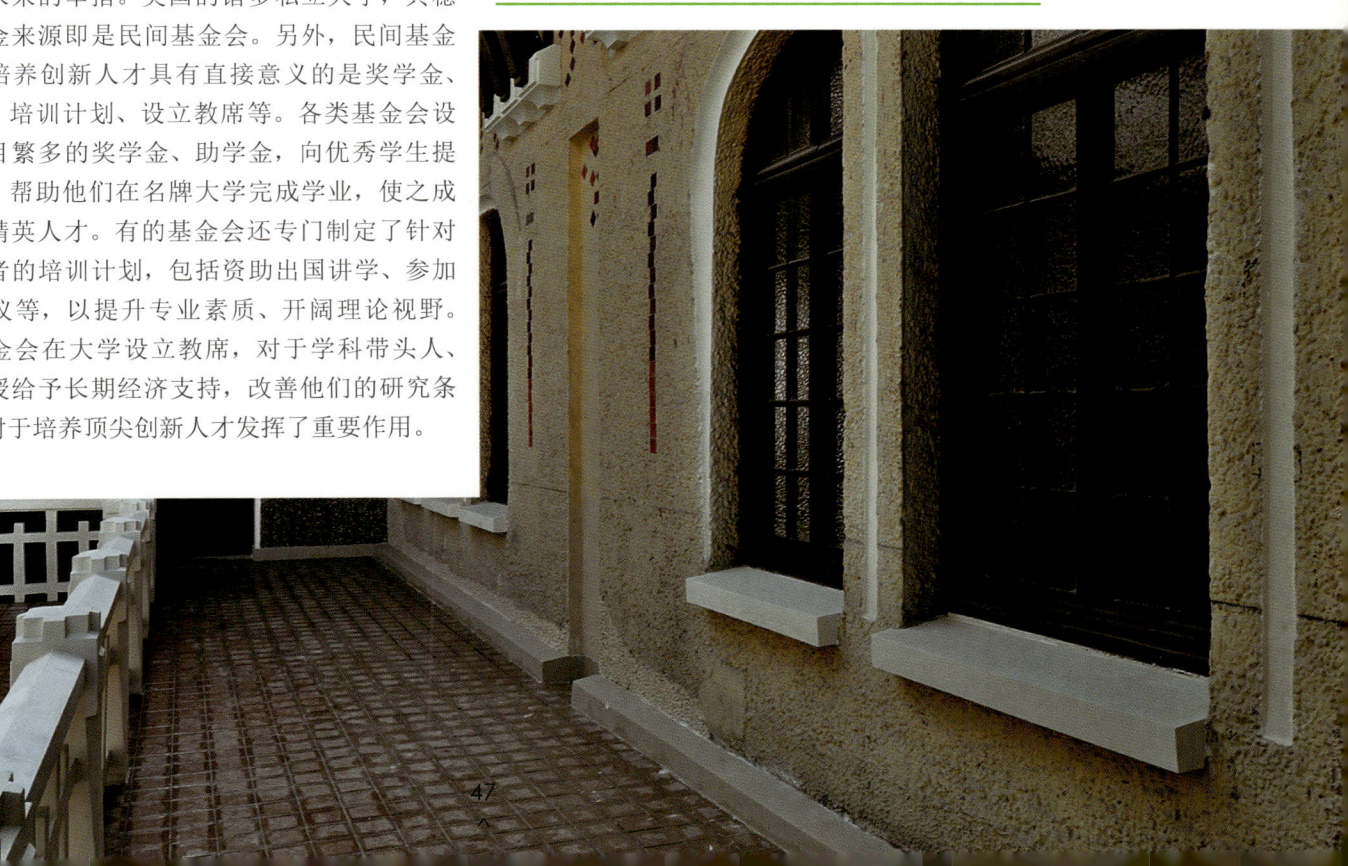

上海科学会堂

镜头物语

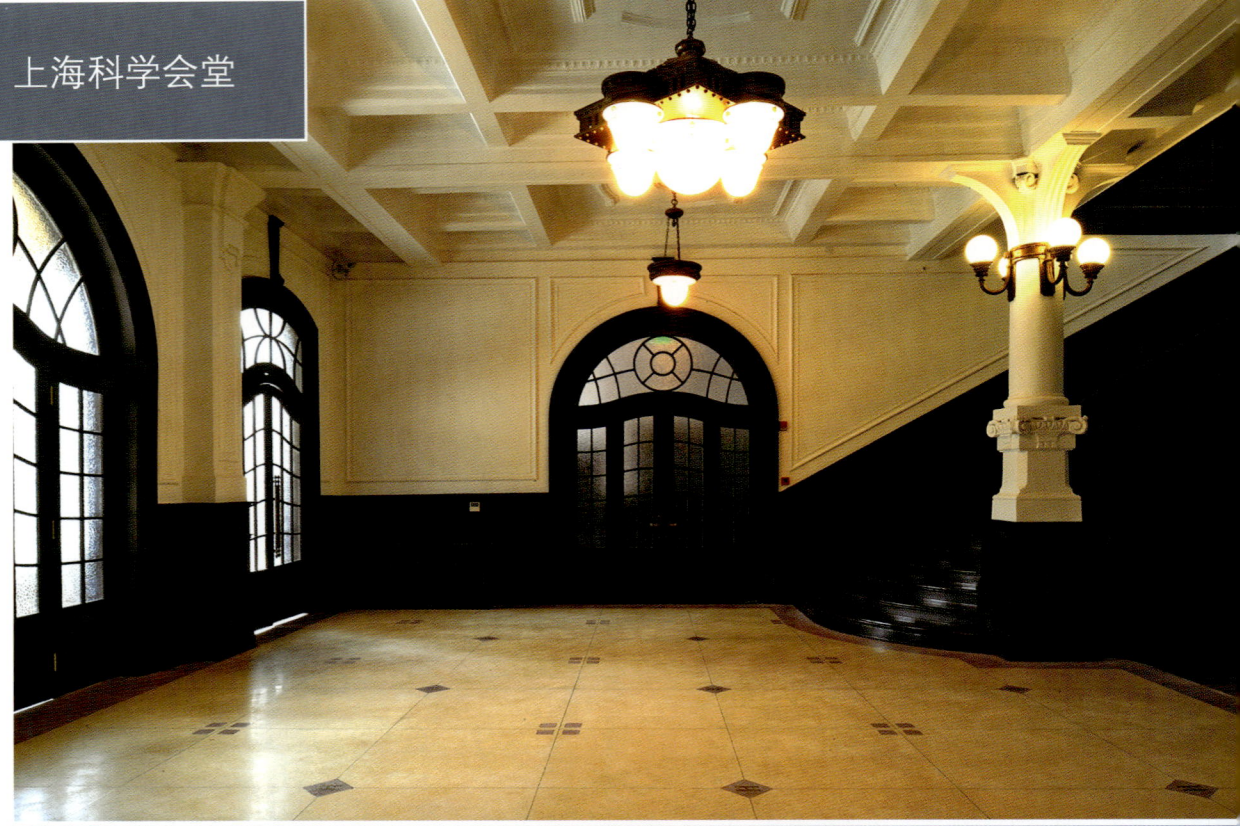

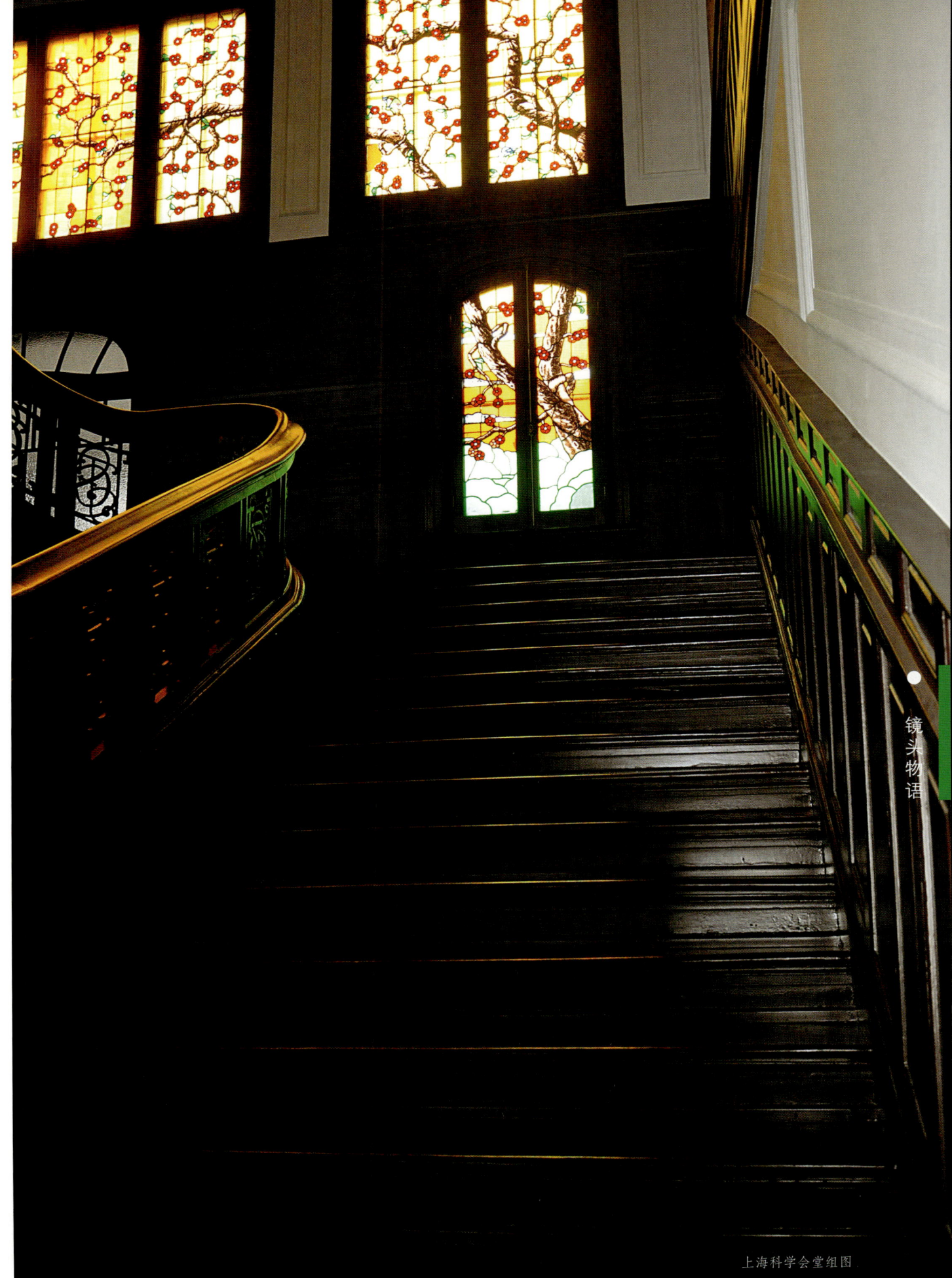

镜头物语

上海科学会堂组图

上海科学会堂内景图

镜头物语

上海科学会堂的前世今生

镜头物语

百年彩绘玻璃依然美丽而神秘

镜头物语

草坪音乐会

镜头物语

音乐无边 科学无界

镜头物语

科学与艺术交融　人文与情怀激荡

2017上海科博会点燃公众科学热情

文/马亚宁

坐上无人驾驶的观光车，逛一逛2万多平方米的高科技"大观园"；穿上酷炫的外骨骼机器人，瞬间变身能提起千斤重的大力士；360度闪闪发亮的LED"智慧树"竟能开口说话，回答每一位观众的"十万个为什么"……于8月25日至28日在上海展览中心举办的2017上海科博会，颠覆人们头脑中的"科普印象"——展板、讲座、论文、报告统统不见，取而代之的是时尚吸睛的高科技展台，贴近生活的新技术"大百科"，"秀色可餐"的科技大咖秀，百余场劲爆的科学路演，蕴藏着数亿元商机的科普产品洽谈……

在20000多平方米的展示空间内，七大主题板块，350多家国内外企业包括世界500强企业，以及近100多家上海双创企业，带来了各自拿手的科技"绝活"。

"人工智能"闪亮

"科技，让生活更美好"，今年的上海科博会聚焦最令人期待的"下一站"美好——人工智能。国务院发布的《新一代人工智能发展规划》提出了"中国人工智能三步走"任务，人工智能将成为我国新一轮科技和产业变革的重要驱动力。2017上海科博会以"四智"为主线，首次聚焦人工智能领域，汇聚了一大批上海人工智能的企业、专家，面向市民科普人工智能最新成果和科学理念，为上海人工智能产业发展营造氛围。

人工智能，距离我们到底还有多远？走进科博会，人工智能时代的未来生活，近在眼前！一战成名的"阿尔法狗"，还只是个围棋高手，并不能为普通生活带来实惠。如今，最能被直观感受到的人工智能——无人驾驶网联车，则让你驾车出行无忧，行车安全无虞。国外的通用汽车、特斯拉、谷歌，中国的上汽、一汽、百度等汽车巨头或是新锐互联网公司都加入了无人驾驶网联车的领域。

在此次科博会现场，观众有机会亲身感受一把全球各大公司都在"逐鹿"的未来人工智能汽车。一款无人驾驶的观光车，把整个科博会现场当做一条运营路线，自动停靠一个个"站点"，方便参观者在不同展厅之间穿梭游览。它就是位于嘉定的智能网联车（上海）试点示范区全封闭道路上测试的无人驾驶网联汽车，从嘉定开往位于上海展览中心，成为此次科博会的一大亮点。

下肢残疾，穿上一套"机械衣"，就能重新站起来，出门散散步；中风瘫痪，套上"钢铁甲"，就能摆脱病床，出门买买菜……科博会现场，电影"钢铁侠"中的神奇真实上演，来自上海傅利叶智能科技有限公司的外骨骼机器人，令人大开眼界。这种将机电一体化、生物力学、人体传感网络、步态分析等多领域科技融合而成的外骨骼机器人，能够"感知"患者在步行中的变化，"思考"患者的意图并通过电机帮助患者"执行"步行动作。

与外骨骼"机器人"一道参加科博会的,还有原产自张江的各种人工智能机器人,它们或者从事教育,或者陪伴家人,功能五花八门,在科博会张江展区上,最抢眼的机器人矩阵,充分展现出张江人工智能产业的强劲实力。

除此之外,科博会还吸引了海尔、海信、创维、三星等国内外家电品牌展示最新的智能家电产品。这些产品与一般家电的区别,只有亲身体验过才能感受到。作为国内互联网巨头,百度也格外看重科博会品牌,在科博会上首发一批智能产品,值得期待。

"科学大咖"云集

科博会,不仅是高、精、新科技的"嘉年华",更是科技大咖云集的殿堂。一位国际级科学大师,两位欧洲科普专家,四位中国工匠,五位中科院院士,六场重量级科学论坛……与通常的展会完全不同,科博会展览展示的同时,更要坐而论道,激荡科学思想,碰撞创新智慧。

这里有国际科学大牛的科学对话:美国科学院院士理查德与中科院院士张旭就人工智能、脑科学展开交流;这里有中外科普大家的肺腑之言:欧洲科普活动中心主席与不久前获得首届"全国创新争先奖"奖章的中科院院士褚君浩进行一场有关气候变化、绿色能源的大讨论,并探讨中国的科普发展道路该如何发展。

这里还有中美青少年的创新"连连看"。中美教育的差异和优缺点不仅仅一直是中国父母亲关注的焦点,也是中国教育工作者不断需要思考的命题。什么样的创新教育是适合学生的?如何培养学生对于科学和创新的兴趣?实践能力在学生创新教育中具有什么样的重要作用?面对这些热点问题,美国和中国的创新"牛娃们"现身说法,畅谈心得。

科学殿堂里,谁说女子不如男?在科学探索道路上,女性身影虽然不多,却更为感人,一位位坚毅独立的女科学家带着不一样的心路历程,相聚科博会,召开一场别开生面的中外女科学家"圆桌会"。

创新道路上,科学家的科研攻关,需要一位位大国工匠,将论文图纸变成推动社会生产进步的"真材实料"。科博会也是工匠展示聪明才智的精彩舞台。"科技创新与工匠精神"主题活动,邀请了宝武钢铁集团有限公司王军、上海航天设备制造厂王曙群、申通地铁集团李鹃伟、国网电力公司杨庆华4位刚刚获得世界技能大赛大奖的现代高技能人才一起畅聊创新与工匠精神。

"创新挑战挑战科学"总动员

好逛好看,大开眼界;有听有学,脑洞大开。有了这些,科博会还不满足。科博会主办团队还在追求更高境界:来到科博会,每位参与者都得好好挑战一把!

光说不练可不行,挑战马力要开足! 科博会上,一场"全能脑力王"大赛精彩上演,一大批机器人等你来挑战。在青少年科普营展区,动手制作一个机器人或许不是一个梦。这台机器人不仅要自己来设计结构和模样,更要通过编程赋予它一定的功能,让它具有一定的智能呢。

C919客机首飞激动人心。在科博会,你或许有机会进入C919的驾驶舱,提前感受中国第一款商用大飞机究竟是如何驾驶的。这款来自中国商飞的模拟驾驶舱涂装着C919的正规标记,再现了驾驶舱的真实模样。代替驾驶舱窗户的电脑屏幕能随着你的驾驶动作,逼真还原C919起飞、飞行、降落中的窗外景色,不容错过。

还记得科幻电影《阿凡达》里能与外星人心灵沟通的大树吗?科博会现场也"长"出了一颗LED屏幕组成的智慧树。在扫描二维码之后,你可以向大树提出想要问的问题,而大树则会给出回答,一问一答都会出现在树上。

除了观众"玩不停",每一位参展商也不能闲着。为了让科博会上的3500个展项,个个"物尽其用",参展商必须自带"科学通"——现场工作人员不仅要知道每款技术产品的新功能和新工艺,更要能够逐一讲解"为什么",帮助参观者知其然,更知其所以然。

科普创新大舞台

连续举办3届的科博会已经成为上海乃至全国高科技产品展示的大舞台。去年,科博会征集会歌时,深圳、海南、重庆、湖北等全国各地的创作者纷纷拿出自己的作品参与角逐。今年,上海科博会刚刚启动筹办,众多外地单位就来"预约"展位,盼望自己的新产品、新技术、新理念能够站到上海科普"大舞台"上一展风采。就连许多国外友人也慕名参与。

观众热情参与、科学大咖认可、创新企业跃跃欲试,上海科博会正在努力跻身上海十大展会平台。这里是科技创新企业最好的展示窗口,每一个新产品要讲清自己的科技含量和创新价值,帮助消费者在科学的指引下回归理性;这里是魅力十足的科学乐园,市民科学素养被刷新,观众的科学眼界无限扩大,对科学的热情被一次次点燃;这里是全息科普的试验场,所有能想到的科学元素在此汇聚,燃爆每一颗"科普心"的效果,是一次科学讲座或一场科技电影,还是一座科普场馆都无法比拟的。

这里更是创新创业的大秀场,在4天的时间里有百余场路演、展示、互动等,来自上海11个区的多家国家级科技园区以及大学和科学院所的近100家双创企业,在科博会现场掀起一场双创"风暴"。例如,智能新锐企业黑盒子机器人专门组成团队,在现场与主持人一道,为观众解读人工智能蕴含的科普知识和创业良机。

如果有观众错失现场玩转科博会的机会也不必失望,本届科博会利用先进的网络传输技术,将会场的精彩内容通过电波、光波传递到每一个爱科学人的身边。据介绍,科博会现场有关人工智能、大数据、VR等科学知识,通过电台进行现场直播,还有相关专家在现场直接回答听众的问题。中国移动进行网络直播,无论你身在哪里,只要通过电脑端或移动端,都可以实时收看科博会的精彩展演。

链接：
上海国际科普产品博览会简介

文／喻 子

上海科博会旨在通过搭建传播展示平台，引导更多创新主体展示创新成果、传播创新理念，促进公众理解科学；搭建转化交易平台，汇聚创新成果及其孵化、转化和交易信息，推动科技成果转化和市场化；搭建互动体验平台，突显科普演绎，形成"展览展示培育科普产业、科普产业反哺科普事业、科普事业助推科技成果转化"的科普工作新模式，促进科学普及和科技创新协同发展，努力营造"大众创业、万众创新"的良好氛围，推动我市公民科学素质的有效提升，为上海加快建设具有全球影响力的科技创新中心和社会主义现代化国际大都市奠定坚实的社会基础。自2014年至今，已成功举办三届。

在习近平总书记"科技创新、科学普及是实现创新发展的两翼，要把科学普及放在与科技创新同等重要的位置"重要讲话引领下，2017上海国际科普产品博览会围绕"科普——让生活更美好"的主题，聚焦双创、凸显科普、展示创新、构建平台、打造品牌，举办具有国际化、专业化、规模化、科普化特点的盛会。

"中国科幻之父"刘慈欣对话科普活动

图书在版编目（CIP）数据

科技精英1 / 杨建荣主编. -- 上海：上海科学普及出版社，2017
ISBN 978-7-5427-7015-8

Ⅰ.①科… Ⅱ.①杨… Ⅲ.①科学工作者—先进事迹—上海 Ⅳ.①K826.1

中国版本图书馆CIP数据核字（2017）第197383号

责任编辑 俞柳柳
装帧设计 姜　明　王培琴

科技精英（1）

杨建荣　主编
上海科学普及出版社出版发行
（上海中山北路832号　邮政编码 200070）
http：//www.pspsh.com

各地新华书店经销　　上海丽佳制版印刷有限公司印刷
开本 889×1194　1/16　印张 4.25　字数 10 000
2017年8月第1版　2017年8月第1次印刷

ISBN 978-7-5427-7015-8
定价：78.00元
本书如有缺页、错装或损坏等严重质量问题
请向工厂联系调换
联系电话：021-64855582